本书获泉州师范学院教材建设基金资助

PSYCHOLOGY

生涯心理资源开发与职业生涯辅导

主 编 陈奕荣 王树生 黄重成

厦门大学出版社 国家一级出版社
XIAMEN UNIVERSITY PRESS 全国百佳图书出版单位

图书在版编目（CIP）数据

生涯心理资源开发与职业生涯辅导 / 陈奕荣，王树
生，黄重成主编. -- 厦门：厦门大学出版社，2019.8(2023.8 重印)
ISBN 978-7-5615-7456-0

Ⅰ．①生… Ⅱ．①陈… ②王… ③黄… Ⅲ．①大学生
-职业选择-应用心理学 Ⅳ．①G647.38

中国版本图书馆CIP数据核字(2019)第124349号

出 版 人　郑文礼

责任编辑　江珏玙

封面设计　李嘉彬

技术编辑　许克华

出版发行　厦门大学出版社

社　　　址　厦门市软件园二期望海路 39 号

邮政编码　361008

总　　　机　0592-2181111　0592-2181406(传真)

营销中心　0592-2184458　0592-2181365

网　　　址　http://www.xmupress.com

邮　　　箱　xmup@xmupress.com

印　　　刷　厦门集大印刷有限公司

开本　787 mm×1 092 mm　1/16

印张　12.75

字数　225 千字

版次　2019 年 8 月第 1 版

印次　2023 年 8 月第 6 次印刷

定价　39.00 元

本书如有印装质量问题请直接寄承印厂调换

厦门大学出版社
微信二维码

厦门大学出版社
微博二维码

前　言

　　党的二十大报告指出："广大青年要坚定不移听党话、跟党走，怀抱梦想又脚踏实地，敢想敢为又善作善成，立志做有理想、敢担当、能吃苦、肯奋斗的新时代好青年，让青春在全面建设社会主义现代化国家的火热实践中绽放绚丽之花。"为做好青年学生工作进一步指明了方向。进入新时代，中华民族伟大复兴进入不可逆转的历史时期，当代大学生注定要成为实现伟大复兴的参与者、奋斗者、见证者。走向职场是每个大学生必然面临的选择。那么，如何有效地开发自身潜能、规划未来是每个大学生必须面对的重要一课。正因为如此，有越来越多的职业生涯规划课程走进大学课堂。

　　虽然如此，但很多的大学生在工作之初不清楚自己应该选择什么样的职业，在工作期间频繁跳槽，回过头来才发现自己不适合在这个行业，而有的大学生虽然起点不高，既没有灵思泉涌的智慧，也没有博大精深的知识，更没有声名显赫的背景，却因为他们坚持正确的职业发展道路，在职业发展中越走越顺，并实现自己的人生理想。造成大学生盲目就业的原因很多，与教育本身有关，与教育者有关，与受教育者也密切相关，因此，从大学生内在生涯发展的视角着手，开发一套针对大学生生涯发展规划的教材，具有重要的现实意义。

　　从内容上看，本书从生涯心理资源出发，包含就业和创业，内容全面，资料详实，注重知识性和趣味性。从写作特点上看，每章由案例导入，观点明确，分析到位，实用性强。

　　本书主要面向大一、大二学生，为大一学生提供生涯发展、生涯规划的方法和步骤,为大二学生提供创业意识激发和创业能力培养等内容,为广大青年提供职业探索和创业发展方面的帮助。

本书从策划到组织撰写,再到付梓,历时一年有余,在编写的过程中,参与策划、组织、写作和编辑的同志付出大量的心血和辛勤劳动。本书具体编写分工如下:陈奕荣和王树生提出全书的编写体例、篇章框架,并由陈奕荣负责全书的统稿;陈奕荣负责编写第1、2、5章,祝莉斯负责编写第3、4章,谢清彬负责编写第6、9章,第7、8章庄美金。黄重成、李效和官如香负责校对等工作。

在编撰过程中,我们参考和借鉴了一些同类教材,专家、学者的专著,以及相关论文和资料,并在参考文献中一一列出,谨表谢意。如有疏漏,深表歉意。由于编者水平有限,时间仓促,书中难免存在错误和不足之处,恳请各位专家和读者批评指正。

编　者

2023 年 7 月

目 录

CONTENTS

第一章　生涯心理资源

案例导入

2007 年,一部网络长篇职场小说《沉浮》轰动一时。小说的作者是一位学中文的江南才女,此外她还曾经有国企和知名外企的从业经历,而现在更是一家高科技企业的执行总裁。这位跨界奇才就是人们熟知的崔曼莉。一边是文学中人,一边却又是商界强人,这对于许多初入职场的大学生来说,既不可思议,更不敢想象。那么,崔曼莉又是如何做到的呢?崔曼莉曾说,自己在职场上的最大感悟就是"专业与能力是有区别的"。崔曼莉毕业于南京大学中文系,她没学过广告却做过策划人,没学过播音主持却做过电视节目主持人,没学过编程却做了高科技公司的 CEO。此外,为人处世的方式很关键。因为任何一个企业都不是个人能力的体现,而是一个团队共同携手发展的结果。崔曼莉还提到,如果你在职场上还是一个小卒,那么请做好手上的事,"低头拉车"的时候不要忘了"抬头看路",培养自己做事情的能力。

崔曼莉的成功,或许并非每一个毕业生都能复制。但是,大家多少能从她的经历与成功当中学习到一些她所拥有的特质和能力,而正是这些特质与能力所构成的生涯心理资源帮助她实现职业生涯的成功。

学习目标

1.理解生涯心理资源的界定及其与生涯发展的关系;

2.了解生涯心理资源历史演变中的主要学者及其思想;

3.了解生涯心理资源的内涵。

第一节　心理资源

一、心理资源的定义

心理资源是个体内在有价值的东西或者是获得这些东西的方式,如个性特征、条件及能量等。Hobfoll(2002)认为,心理资源既包括个体内心珍视的事物,例如自尊、健康及平和等,还包括个体实现目标所需要的事物,例如社会支持、信誉等。心理资源是一个由多种因素构成的综合体,可以帮助人们实现目标。

资源保存理论(conservation of resources theory,COR)认为,资源可以分为四类,如图 1-1 所示。

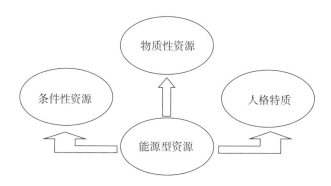

图 1-1　资源保存理论的四种资源类型

一是物质性的资源,与其社会经济地位直接相关,如汽车、住房等等;

二是条件性资源,可以为个体获得关键性资源创造条件,如朋友、婚姻和权力;

三是人格特质,尤其是积极人格特质,帮助个体克服困难和压力,如乐观、信心和韧性;

四是能源型资源,帮助个体获得以上三种资源的资源,如时间和金钱。

人们总是积极努力地维持、保护和构建他们认为宝贵的资源,这些资源的潜在或实际的损失,对个体而言是一种威胁。拥有较多资源的个体不易受到资源损失的攻击,且更有能力获得资源,反之亦然,并呈现两种螺旋效应——丧失螺旋和增值螺旋效应。丧失螺旋是指缺乏资源的个体更易遭受资源损失带来的压力,而这种压力的存在往往使防止资源损失的资源投入不足,从而会加速资源损失。增值螺旋是指拥有充足珍贵资源的个体不但更有能力获得资源,而且所获得的这些资源会产生更大的资源增量。

资源保存理论的启发:

首先,资源保护的重要性。个体有努力获得和维持自身资源的本能,当个体所处的环境使其知觉到可能失去某些资源,或已经失去某些资源,或获得新资源的希望比较渺茫,使得工作要求无法充分满足,或是无法得到预期回报时,就会产生压力和不安全感。当个体面临资源损耗时,应该采取行动防止资源继续丧失,避免陷入丧失螺旋,减少损耗。

其次,资源获取的次要性。当某些资源损失时,个体必须获取其他的资源。更多资源的获取可以有效降低其他资源损失的风险,并创造更多获取资源的机会。资源积攒到一定程度,更多资源的获取会形成增值螺旋。

再次,创造资源盈余。个体要尽量地创造资源盈余,以抵御可能面临的资源损失。个体在尽力避免丧失螺旋、培育增值螺旋的过程中,可选择某些回报高或风险小的角色进行投资。

资源保存理论揭示个体对资源的保存、获取和利用的心理动机,不同的资源处理动机会对心理、行为和态度产生不同的影响。

心理资源与心理资本的区别

从定义上来讲,心理资源是一种客体存在,是个体身上所具有的重要心理特质和属性,或是那些可以帮助人们达到目的的重要心理特质或属性的集合。心理资源可以分为长远的和近期的、内在的和外在的,具有生物学和社会学属性。而心理资本是个体一般积极性的核心心理要素,并能够通过有针对性地投入和开发而使个体获得竞争优势,是符合POB标准的一种类状态积极心理能力,而不是倾向性、相对稳定的、类似于特性的个性特征。

心理资源和心理资本的研究目的都是改善绩效,提升竞争力,因此两者之间既互相联系,又相互影响。虽然两者研究的侧重点不同,但对象与目的相同,不可避免地会在研究过程中相互交叉与包容。两者的共同点体现在:(1)两种理论产生的背景相同,都是在西方经济高度发展,积极心理学崛起的背景下出现的,虽然心理资本强调积极的心理状态作为一种可投资并获得回报的理念,但毕竟产生于"心理资源"理论之后。(2)无论是心理资源还是心理资本,除了对个体的发展都具有重要意义外,还具有社会效用,能对社会进步带来直接或间接的效用,具有重要的价值。(3)两者的研究内容都强调有理论和研究基础,可供有效测量。

心理资源与心理资本既有联系又有区别。两者的区别主要表现在:(1)研究范畴不同。心理资源涵盖范围广,是一个宏观、概括性的范畴;心理资本是积极的心理资源,由类似于状态的积极心理力量构成。(2)研究的侧重点不同。心理资源强调价值观、兴趣、动机、态度等心理属性,通过开发并形成能力,目的在于充分挖掘人内在的心理潜能,并将这些潜能充分发挥出来;心理资本强调的是人在获得乐观、韧性等积极心理状态中的投入和开发,以获得回报。(3)两者意义不同,心理资源侧重强调个体内在的潜能或天赋,具有一定的生物学的属性;心理资本则是开发心理资源的结果,强调个人内在积极心理特质的重要性。

二、心理资源的理论模型

心理资源研究的理论模型主要有四种:心理资源特质理论、多元心理资源理论、心理资源综合理论模型和心理资源生命周期模型。

关键心理资源理论:关键资源理论侧重研究个体某种重要的能力或特质,认为这些重要的心理资源是相对独立的,并在个体成长和发展中发挥重要的作用。

多元心理资源理论:心理资源是多种要素构成的,而不只是一个或某个重要的心理资源。多元论认为,心理资源可以预测一个人的未来;获得心理资源的能力是人一生中重要的内容;心理资源可以为个体带来回报。

综合心理资源理论:心理资源是一个动态的过程,心理资源的开发有助于提升个体幸福感。心理资源是广泛的,而不仅仅是某个重要或关键的心理资源;心理资源在应对心理压力的过程中会发生变化;心理资源是个体幸福感和健康促进的重要因素。

生命周期理论:心理资源随着年龄的变化而发生变化,人一生中的不同阶段,其心理资源拥有其不同的特点。

■ 三、心理资源开发对大学生生涯发展的重要性

心理资源的开发本质上是使受教育者的心理特长与岗位相适应,有效开发人的职业岗位天赋能力。越是高技术高技能的特殊岗位,对人的心理品质特征要求越特殊,当人的内在心理潜能与岗位心理需求一致时,会产生乘数效应。重视和研究大学生心理资源的开发具有重要的意义。

(一)大学生心理资源的开发是培养高素质人才的必然要求

无论是中长期教育发展规划要求,还是产业结构调整经济转型改革,均需要大批的高素质技术人才。对大学生进行心理资源开发,从而激发学生职业潜能最终会对职业活动效率产生"乘数效应",例如积极的情绪情感会对职业学习和职业活动产生显著的正向作用,积极的职业态度会对职业学习、职业活动产生重要的促进功能。良好的职业心理和职业信念是焕发职业精神动力的重要源泉。心理资源开发一方面表现在可以提高学生职业天赋能力的指数,另一方面在于促进学生的职业兴趣、职业动机、职业情感、职业意志和职业精神的完善健康发展。良好完善的职业精神对职业学习和未来的职业实践活动具有持久、可靠的人力资源价值,它能从内心不断驱动、不断增强自身职业行为的主观能动性和奋发进取的职业意志力,形成良好的职业志业感。志业感有别于职业感,职业感只需要遵守市场法则和信用原则,与活动收益相关。而职业志业感则重在所从事的职业活动内容,出于满足内心需要和实现自我价值,不为金钱、物质、名誉等外在因素所左右,不仅为生存,更重要的是获得良好的人生的发展,反映职业人的一种积极的人生价值的追求。日本特别重视精神动力因素在经济发展中的作用。他们认为精神在日本经济发展中起 50% 的作用,法规起 40% 的作用,资本起 10% 的作用。可以说,良好的职业能力、职业意志、职业人格、信念是高素质职业技术人才的必备心理素质。

(二)心理资源开发有助于增强教育效果,提高教育质量

实施职业心理资源开发,使职校学生潜在的职业心理兴趣与职业专业学习要求一致,学生的职业学习天赋能力指数将得到显著增强。表现在教学实践过程中,学生对专业的学习兴趣、学习动机、学习意志、学习情绪情感得到有效的激发,学生的学习主动性和职业学习认知能力得到增强。由于学习内在驱动力增强,职业学习的行为方向性、目的性、稳

定性和坚持性都将得到增强,从而激发学生的职业思想活力、行为活力和积极向上的职业奋发进取心,使得学生在职业教育过程中由于智力因素和非智力因素得到双重激发,学习效率随之提高,教育进度加快,教育成本降低,教育质量有效提高。反之,如果无视学生的职业心理潜能,以文化课成绩论英雄,遵循"分数面前人人平等"的教育选拔评价机制,心理资源不能得到开发,学生职业学习天赋能力不能被激发,必将弱化学生的学习兴趣、学习动机、学习意志、学习认知能力等一系列心理素质,学生在学习中容易出现应付的心理,缺乏学习主观能动性,即使毕业进入职业岗位也不具备职业创新能力。可以说实施心理资源的开发是增强教育效率、提高教育质量的重要举措。

(三)心理资源开发是教育资源合理配置的保障

重点考查学生文化课水平和共性的认知能力的招生选拔制度,不仅难以适应社会发展对各类人才选拔的要求,"分数面前人人平等"导致一批总体品质优秀但因为偏科总分低的学生,在当前的教育考试选拔竞争机制中始终处于劣势地位,即使进入高职院校也往往被竞争失败、自卑等不良心理所笼罩。事实上各类职校各专业都具有其特殊的职能要求,每个人的岗位天赋能力都与其职业兴趣倾向、个性思维特长密切相关。当潜在的职业岗位天赋心理倾向与所学的职业教育专业一致时,学生的学习兴趣、学习动机就会得到激发,学习意志、学习情绪、学习认知能力也得到增强。上海、北京试行高职自主招生,重点考查学生的特长偏好与专业一致性,发现很多考生基础文化课考试成绩不高,但遇到操作环节立刻表现出鲜明的职业倾向心理和良好的开发能力。进校后的实践也发现学生普遍对所学专业认知度高、学习目标明确、专业兴趣浓厚,虽然文化基础课分数不高,但综合能力素质好、专业思维活跃,实训操作异常优秀。学生的潜在职业心理资源经过考试选拔,得到了社会的认可。发现肯定学生的兴趣特长,鼓励学生进一步发挥其职业天赋能力,促其成为某一方面突出的创造型职业技能人才,在使学生既获得良好人生发展的同时,又满足了社会人才的需求。所以,对职业教育专业进行岗位职能心理分析(包括时—动分析),制定相应的紧密联系专业操作思维的职业考试内容,将学生潜在的职业心理和岗位天赋能力纳入考试选拔范畴,有效开发挖掘职业教育的心理资源是职业教育变革的重要内容。职业院校"自主招生"和"注册入学"的进一步推广,为实施心理资源开发提供了良好的政策机制。

(四)心理资源开发有助于培养创新型职业技术人才

众所周知,现代劳动者有责任感、纪律观念、专业技术三项核心素质。职业技能培养受到各类职校的普遍重视,纪律观念有校纪校规约束检验,唯独责任感因缺乏硬性评价标准而被忽视。至于责任感与创新技能人才的相关性更是很少为人所知。从心理资源价值分析,没有责任意识就没有问题意识,没有问题意识就没有批判意识,没有批判意识就不可能有创新意识。"责任—问题—批判—创新"四者密切相关,而责任感属于道德感范畴,道德感属于情感范畴,情感的教育显然属于心理资源的开发。轻视学生对生命内涵的感悟和意志行为的规范,将造成情感的冷漠、责任感的弱化,那么创新意识、创新精神、创新思维、创新能力一系列创新职业技能人才必备的心理品质就无从谈起。

被称为"金牌工人"的许振声,七次打破集装箱装卸世界纪录,进行"轮胎油改电"技术改造,为所在企业节约资金 3000 万元;号称"土博士"的钢筋工张祝纪,创造了"螺旋箍筋环绕制作法",为企业节约巨额成本;先后拥有近 70 余项技术专利的毕可顺,只有初中文化,但面对记者采访时他说,几十年来就是"想"着怎么把工作做好,这个"想"的本质就是意识,就是责任感驱使下的思维。只有当每个人的职业潜在心理能力与职业岗位能力需求吻合时,心理资源才能得到有效开发。职业兴趣、职业动机浓郁,职业情绪情感积极,职业意志坚强,职业技能和职业责任感得到双重的激励,创新型职业技术人才的成长成为必然。

(五)心理资源开发是企业人力资本生成转换的基础

所谓人力资本是从经济学角度把人的能力当作一种资本要素,对生产的投入后创造出大于其自身价值的价值,实现资本价值的增值。产业结构调整、经济转型后的经济增长方式,就是从主要靠劳动和资本投入量增加的粗放型发展向主要靠技术进步的集约型发展转变。这一转变主要依据人力资本的积累。可以说人力资本的存量直接关系到国家经济的发展,人力资本存量越大,技术进步越快,经济增长也越快。人潜在的职业心理能力(包括体能)只有通过教育投资,获得知识经验技能后才具有人力资本的潜在属性。至于实现人力资本的资本价值增值属性,并获得资本增值的最大化,增强企业的核心竞争力的重要手段,就是通过在企业中个人职业能力与岗位职能的相匹配,即人力资源的优化配置来实现。而企业的人—职匹配、人—岗匹配、人力资源的优化配置,前提都是职业心理资源的开发。如果忽视心理资源,致使个人职业心理潜能与所学职业技能相矛盾,个人与企业不匹配,会导致人力资源优化受阻,人力资本不能生成转换,人力资本化程度低,最终造成职业教育投入和教育资源的浪费。心理资源的开发对企业人力资本的生成转换的重要性还表现在促进人的心理资本的形成,对人一生发展的促进作用。

第二节　生涯心理资源概述

一、生涯心理资源定义

生涯心理资源是指个体内在的与工作有关的心理特质和属性,是个体能够不断适应外在变化的生涯环境,自主地选择和塑造环境,追求生涯发展和成功的心理属性的整合。

生涯心理资源应该具有以下两个特性:

(1)能动性,生涯心理资源可通过学习获得提高;

(2)情景性,注重个体与社会文化环境的交互作用。

二、生涯心理资源的发展

生涯心理资源是心理资源在生涯领域的应用,这一概念在国外的使用相对较晚,到目前为止只有十多年时间。国外学者对心理资源的研究兴趣开始于二战后,当时有学者从心理资源视角探寻受到战火创伤人们心理弹性、应对能力、适应能力和幸福感的萌芽。Kelly(1966)研究社会资源和个体心理弹性之间的相互作用,被认为是心理资源的开创性研究。当时的研究主要集中在流行病学和健康心理学领域。

20世纪70年代,西方国家,特别是美国社会,进入了"无边界职业生涯"时代,个体的一生不再只是在某一两个组织中完成自己的职业生涯,而是在多个组织、多个部门、多个岗位实现自己的生涯目标。学者们开始关注职业转换过程中个体的职业决策和职业适应等问题,心理资源理论被广泛运用到职业辅导、职业生涯适应、管理和组织行为学等领域。此时的职业评估工具量表首次将心理资源应用到生涯心理学领域,其内容主要包括兴趣、技能和价值观。Coetzee(2008)第一个构建生涯心理资源理论模型,并将生涯心理资源理论运用到企业工人群体中,受到人们的关注。

生涯心理资源概念的提出不过十来年的时间,此前已有诸多学者将相关的心理资源理论应用到生涯领域,归纳起来主要有两种研究方向:一是关键心理资源论。关注个体某些重要心理资源,如自我效能感、乐观、自尊、适应力等心理资源在职业领域的应用;二是综合心理资源论。这些研究认为心理资源是由多种因素构成的综合体,应该关注不同情景下心理资源的交互作用,以及对职业发展和生涯成功的影响。

随着我国经济的迅速发展和技术革新步伐的加快,工人职业和岗位转换已成为一种常态,如何有效地应对职业转换过程中职工的发展适应,促进人力资源的有效开发和绩效的改善提升,已经成为我国领导管理层重点考虑的问题。开展我国生涯心理资源理论研究,重视生涯心理资源的开发,事关国家全民劳动力水平的发展提高,是现代管理心理学的重要理念。目前,国外学者对生涯心理资源的研究较早,研究成果也相对较多,而国内对生涯心理资源的研究仍处于理论探索阶段,并未有相关研究综述,本文将重点对其进行梳理和评价,以期为以后的研究奠定基础。

■ 三、生涯心理资源的内涵

(一)生涯心理资源的提出

心理资源一直受到积极心理学和积极组织行为学的关注。Hobfoll(2002)提出的心理资源的定义得到广泛的认可,他认为心理资源既包括个体内心珍视的事物,例如自尊、健康及平和等,还包括个体实现目标所需要的事物,例如社会支持、信誉等。这些心理资源都可以帮助人们获得事业的成功。Hobfoll(2002)总结了以往心理资源研究的四种理论模型:心理资源特质理论、多元心理资源理论、心理资源综合理论模型和心理资源生命周期模型,并认为心理资源是一个由多种因素构成的综合体。心理资源具有情景性,是个体所处的客观环境作用于个体而激发的心理能量。人们总是努力获得和维持他们认为有价值的资源,包括工作控制权与决定权、工作自主性、自我效能、自尊等心理资源,这些资源可以帮助人们有效地处理和应对工作环境中的问题。当个体心理资源不足以应对角色中的要求时就会产生压力感,获得新的心理资源能有效避免心理资源损耗,有助于提高个体满意度和幸福感。

Coetzee(2008)生涯心理资源理论模型的建立是为了有效解决工人生涯转换过程中的职业适应、生涯发展，以及如何提高职工元胜任力达到生涯成功的问题。自 20 世纪 70 年代以来，生涯转换带来的一系列问题已经受到学者们的广泛关注。20 世纪 80 年代，Super 和 Knasel(1981)提出的"生涯适应力"概念，意识到个体在其生涯发展中可能面临的不确定因素，其关注点从个体职业生涯成熟度转变为应对不断变化的工作。

20 世纪 90 年代，Krumboltz(1991)编制的生涯信念量表首次涉及职业转换过程中职业决策心理变化的动态性。这个阶段，职业生涯转换问题受到越来越多学者们的关注，研究更侧重职业转换过程心理资源的内在属性的重要性，侧重生涯转换的理论性研究，特别是对成年人职业发展的理论性研究。Heppener(1998)编制了生涯转换量表(CTI)，其内容主要有：准备度、自信心、控制感、支持度和做决定的独立性。生涯转换量表侧重生涯转换过程中角色转变的内在准备和外在支持，为生涯咨询和生涯协助提供重要工具。

进入 21 世纪后，生涯适应力概念得到 Savickas(2005)的认同，并对其进行进一步发展，将生涯适应力视为个体各种生涯角色的核心能力，个体生涯适应力的发展是沿着四个维度发展的，分别为生涯关注、生涯控制、生涯好奇和生涯自信。Savickas 的生涯适应力理论建构得到学者的广泛认同，具有较强的实用价值。

随着积极心理学的兴起，人固有的潜在的、具有建设性的力量，以及个体积极的心理品质受到重视。同时，组织结构的扁平化使得人们对生涯成功的评价标准发生变化，主观生涯成功和客观生涯成功成为评价个体生涯成功的标准。个体生涯成功有助于个体潜能的发挥和组织灵活性的提高，生涯心理资源成为解决组织和个人两个层面问题的交点。Coetzee(2008)认为，在生涯转换过程中，人不应该只是被动地适应新的工作岗位，应该是积极主动地去找寻新的工作岗位，充分发挥自身潜在的天赋能力，不单单是工作的适应，而是追求人的天赋与岗位相适应，实现个体生涯发展和生涯成功，实现人力资源的最大限度发挥。生涯心理资源的理论及其框架，是在一系列理论基础上的发展，强调个体与环境的互动，注重个体自我概念的发展，主张个体在生涯发展和生涯经验的理解中是积极主动建构的过程，个体最终能预测和选择自身生涯发展道路。当前，生涯心理学面临的更艰巨的挑战是不单单要概括出个体做出有效且成熟的行为的因素，和不同文化背景下能够适用于整个发展阶段的结构，更要求在职业选择中人的天赋与岗位的相适应，实现个体潜能的最大限度发挥。生涯心理资源概念的提出可以说是对这一挑战最有力的应答。总之，生涯心理资源概念的提出，表明个体能够重视和发挥自身潜在的资源，主动适应和塑造环境，也暗指个体在变化的过程中能适应环境的变化，达到生涯的成功。

（二）生涯心理资源的结构

在生涯转换领域中，越来越多的研究人员发现，生涯心理资源中的职业就业力和职业元胜任能力等一般就业能力比职业生涯规划起着更重要的作用。有效地运用个体的生涯心理资源以促使他们在复杂多变的生涯道路上得到最有效的发展，将成为职业指导研究的重要目标。

1.背景行动理论（contextual action theory）

背景行动理论关注个体所处的背景在个体发展中的重要性，认为个体职业发展是在一定的背景环境下进行职业探索、职业决策和生涯发展的过程，社会背景中的重要他人都对个体生涯建构的过程产生一定的影响。背景行动理论围绕行动的角度、行动组织的水平和系统三个方面，以职业行动为基本单位进行构建：首先，行动的角度方面，职业行动是一个整体形式的存在，主要可分为外显行为、内部过程和社会意义三个方面。其次，职业行动的水平主要有基本要素、功能性步骤和行动目标三个方面。职业行动的水平强调职业行动的过程性和发展性。基本要素包括组成基本行为的身体、心理及环境资源、个体所拥有的技能和习惯等，这些行为构成了人们日常活动中的职业行动。再次，职业行动系统包括职业行动、职业项目和职业生涯，是一个紧密联系的组合，涵盖了时间概念的意义。职业行动、项目和生涯把行动、计划、目标联系为一个过程，让人们能够清晰地认识到职业发展过程的联系性和长期性。职业行动包含个体行动和共同行动。背景行动理论把职业行动作为研究的基本单位，强调个体的职业行动、项目和生涯都是意向性和目标指向性的，给我们提供了一个崭新的视角。背景行动理论强调概念紧密结合个体的真实经验，对职业行动和生涯发展重新认识，引发人们关于职业生涯的更多思考。

2.Adler 的心理学思想

Adler 的心理学思想散发了积极心理学层面的内容。Adler 认为，第一，自卑促使人们弥补缺陷，进而追求成功。适度的自卑感可以有效地促进个体的积极性，促进个体追求卓越。第二，社会兴趣是个体对他人情感和生活的评价态度。对事物的反应体现了个体对生活意义的理解，不同个体的生活意义存在差异，良好的生活意义应该互相合作。社会兴趣是个体对先天个性弱点的补偿。第三,个体可以通过创造性自我来实现自身发展。第四,追求卓越是 Adler 心理学思想的重要概念,追求卓越的过程体现人格动力性,其结果"人和社会共同优越"是其理论的落脚点。个体能有意识地指导自身发展,也能指导自身生涯的发展。

3.资源保存理论(conservation of resource theory,COR theory)

资源保存理论(COR theory)描述资源在个人和社会环境之间交互作用的过程。资源保存理论认为:人们总是积极努力地维持、保护和构建他们认为宝贵的资源,这些资源的潜在或实际的损失,对个体而言是一种威胁。拥有较多资源的个体不易受到资源损失的攻击,且更有能力获得资源,反之亦然,并呈现两种螺旋效应——丧失螺旋和增值螺旋效应。资源保存理论的推论:首先,个体有努力获得和维持自身资源的本能,当个体所处的环境使其知觉到可能失去某些资源,或已经失去某些资源,或获得新的资源比较渺茫,使得工作要求无法充分满足,或是无法得到预期回报时,就会产生压力和不安全感。当个体面临资源损耗时,应该采取行动防止资源继续丧失,避免陷入丧失螺旋,减少损耗。其次,当某些资源损失时,个体必须获取其他的资源。更多资源的获取可以有效降低其他资源的损失风险,并创造更多获取资源的机会。资源积攒到一定程度,更多资源的获取会形成增值螺旋。再次,个体要尽量地创造资源盈余,以抵御可能面临的资源损失。个体在尽力避免丧失螺旋、培育增值螺旋的过程中,可选择某些回报高或风险小的角色进行投资。COR 理论揭示个体对资源的保存、获取和利用的心理动机,不同的资源处理动机会对心理、行为和态度产生不同的影响。

(三)生涯心理资源的理论结构

Coetzee(2008)在 Adler 心理学思想的基础上,认为职业意识、职业认知、职业价值观、职业技能、态度和行为可以帮助个体了解他们的目标以达到生涯成功。在提出这个概念的同时,他根据资源保存理论提供了一个有用的理论框架来帮助个体了解开发内部生涯资源的重要性,以及如何利用这些心理资源以提高其一般就业能力和职业技能。

Coetzee(2008)提出的生涯心理资源由五个重要的维度构成,分别是生涯发展(career enablers)、生涯规划(career drivers)、生涯调适(career harmonisers)、生涯定向(career preferences)和职业价值观(career values),如图 1-2 所示。这五个维度的提出是基于相关理论或研究者的支持。Coetzee 认为,这五个维度是生涯心理资源的重要因素,各自发挥着重要作用,缺一不可,任何一维度的功能都是其他功能所不能替代的。这五个维度共同作用并对职业同一性有调节功能,会在个体面临职业发展任务,职业转换,职业困境时进行调节,从而不断地发展和完善,达到职业最终的统一。

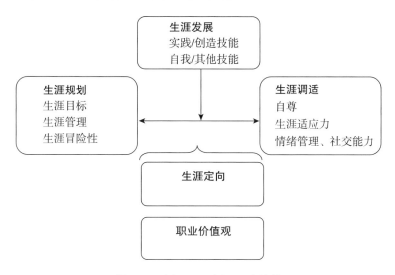

图 1-2　生涯心理资源理论结构

1.职业价值观

价值观在职业上的选择就是"职业价值观",通常也被称为"择业观"。Super(1970)认为职业价值观是个体追求的与职业有关的生涯目标,表现了个体的内在需要及在从事职业活动时所追求的心理特质或心理属性;Coetzee 认同 Super 有关生涯发展的自我概念理论,认为个体职业选择和生涯发展是一个前进动态的过程,职业价值观的形成与发展与个体自我概念发展密切相关。个体在不断进行生涯探索和意义建构,在职业角色的历程中不断增进对自身的了解,逐渐形成职业的自我概念。当自我概念发生较大分化时,职业自我概念就成为职业选择的关键因素。Super 认为,人们对社会上各种职业生活方式的需求主要表现在三个方面,即生活上的需求、社会人际关系的需求和各种劳动活动的需求。个体为了充分满足这三方面的需求,就形成了自己的职业价值观。Coetzee 将职业价值观分为成长/发展价值观和权力/影响力价值观。

2.生涯定向

Kim(2005)认为,生涯定向和职业价值观是个体在职业意识和职业意义基础上的一种长期稳定的认知和概念结构。生涯定向和职业价值观影响个体的职业选择,指导个体的职业发展。根据 Schein(1990)的职业锚理论,Coetzee(2007)在生涯心理资源模型框架内确定了四种职业锚。所谓的职业锚,是指个人经过搜索所确定的长期职业定位,我们可以把它视为一种职业选择理论,可分为稳定/专业型、管理型、创业/变化型、自主/独立型。

(1)稳定/专业型。这种类型的个体注重职业稳定性与环境因素,期望自己所学专业或技能在所从事的职业中能得到运用和发展,职业能为其提供经济上的保障。

(2)管理型。这种类型的个体倾心于管理工作,致力于工作发展和晋升,能独立负责领域内的工作,甚至整合他人的努力成果。他们想承担更大的责任,并将获得权利和影响力看成自己生涯成功的标准。

(3)自主/独立型。这种类型的个体独立和自由地安排自己的工作方式,将权利/影响力价值观作为激发个体内在动机的重要因素。

(4)创业/变化型。这种类型的个体喜欢在复杂多变的工作环境中去迎接挑战,喜欢在新奇、变化和困难中不断地创新和提高自己的技术、能力和知识。与稳定/专业型的个体一样,创业/变化型的个体将成长/发展价值观作为激发个体内在动机的重要因素。

3.生涯规划

生涯规划是推进职业发展的各种心理属性的集合,是激励人的态度,激发个体发现和尝试新的职业和就业的机会,并推动这些可能的机会成为现实。职业生涯规划在个体制订计划、提高能力和工作效率的过程中起着内在的激励作用。生涯动力包含生涯目标、生涯管理和生涯冒险性。生涯目标不同于传统意义上的职业目标,更是个人的一种职业要求,这种要求通常包含个人和职业目标的自我反思。有更高的目标追求的人们往往对实现他们的职业目标有信心,并认为他们所完成的任务将是最好的。

生涯管理是个体对未来职业发展方向和目标的清晰认识,他们懂得寻求职业支持、寻找新的工作机会。生涯冒险性是个人对寻求发现和尝试新职业机会,并愿意承担相应风险的态度。生涯冒险性是职业动力中一个有效的建构,意味着个体在追求职业同一性的过程中,生涯自我效能对生涯认知和生涯行为的监控,以及为达成生涯目标做出生涯决策承担责任和风险,是生涯心理资源的一个重要维度。

Weiss(2004)等认为生涯目标和生涯管理通过个体的优势和能力来实现。个体在意识自己能力的基础上设计自己的生涯规划和前景。个体通过他们的能力来追求自己的生涯目标和任务,追求自己潜能的最大限度发挥。当个体在不熟悉或困难的任务情况下,个体能处理好暂时的挫折和失败,调整自己的生涯目标,愿意冒险寻找新的机会,并相信自己最终会获得成功。新任务的成功可以淡化曾经失败的心理阴影,使个体产生产生积极的生活态度,优化自身的职业生涯管理策略,并激发个体产生更强烈的目标和更高的目标承诺,更加关注自身的心理资源和情感平衡,影响了此后若干年里的职业满意度。

4.生涯发展

生涯发展是那些可以帮助个体在职业生涯中获得成功的能力。根据斯滕伯格和加德纳的智力理论,Coetzee 确定了两种有关职业能力的概念结构,即实践/创新技能和自我/其他技能。创造性智力是个体挑战现有假设,运用个体认知能力关注解决问题的新方法。Coetzee 认为,实践技能和创造性技能在职业工作中都是必需的。在自我/其他技能方面,个人的智力包括人际关系智力(包括理解、尊重、同情和与他人有效互动)和自我认知智力(理解他人感受和动机、发挥自我训练的相互作用)。

自我/其他技能的发展对个人与社会交际能力有着重要的影响。个体在发展的社会环境中,发展自我意识,在自我内心和他人期望之间寻求一种平衡。工作是社会化的过程,这促使研究者更多地关注职业生涯决策过程中情感和感觉的重要性。Emmerling 和 Cherniss(2003)的研究指出,职业生涯决策过程中的情感经历和工作中的社会关系对职业选择的风险感知有影响,自我探索的数量和类型以及相关职业选择的信息都会受到情感状态的影响。Coetzee 也指出,实践/创造性技能和自我/其他的技能在一定程度上可以相互转换。

5.生涯调适

生涯调适激发个体的灵活性和弹性,通过有效控制保持平衡,使职业动力不走极端,在个体追求职业成功的过程中,塑造他们的职业生涯。生涯调适包含自尊、适应、情绪管理社会交际能力。情绪管理与社会交际能力是生涯调适的核心内容。情绪管理是指在职业决策过程中,促进职业适应性所能接受和表达的情感反应。当个人做出重要或者痛苦决定的时候,情绪发挥适应性的作用,职业选择中的焦虑是职业不适应的特征。社会交际能力是个人与他人交往互动的能力,通过建立和维护良好的人际关系达到相互满足和相互的支持。社会交际能力是社会人际网络维护的重要一环,可以缓解心理和社会压力。

适应和自尊也是构建生涯调适的重要部分。适应力是个体识别那些对将来有着至关重要影响的能力,并积极主动地进行调整来满足成功所需要的一种心理社会建构。适应力关注生涯目标,不断增强自身控制感,对未来职业生涯展探索现出信心和好奇心,并不断调整生涯规划和增强职业自我效能感。因此,高适应力的个体能主动地设定职业目标并付诸努力,实现心理上的成功,有较高的工作绩效和低离职意向。Coetzee(2008)的适应力与Savickas(2005)的生涯适应力有明显的区别,Savickas(2005)的生涯适应力包含更多的内涵和要素,而Coetzee(2008)的适应力更多地指外显行为的适应。自尊指的是个体对自我行为的价值和能力被他人或社会认可的自我评估和维护。高自尊和自我效能感的个体具有较高的职业胜任力。积极的自尊包含积极的心态,具备完整的个体和社会认同,有安全感并有能力面对挑战,能够充分投入与他人的生活中,能够平衡社会要求和个人欲望之间的关系。自尊、情绪管理和社会交际能力促进生涯适应力的提高,并帮助个体在执行特定任务中获得成功的自信。

综上,生涯定向和职业价值观影响个体的职业选择;生涯规划有效激发个体尝试新职业和岗位,并促使这种可能成为现实;生涯发展是帮助个体在职业生涯中获得成功的能力;生涯调适是激发个体的灵活性和弹性,通过有效控制保持平衡,使职业动力不走极端,在个体追求职业成功的过程中塑造他们的职业生涯。这五个维度共同促进个体职业向前发展。由此可见,生涯心理资源的五维度结构的建构不失为评估个体职业心理资源的一个有效方法,为研究者和咨询者提供了一个重要的工具,可以为个体职业生涯干预提供一个理想的理论框架,具有较强的实用价值。

第三节　生涯心理资源与生涯成功

成功的人生,胜于成功的事业,一味追求事业的赢家,最后可能变成人生的输家。佛前的灯,不必刻意去点,最重要的是,点亮自己的心灯,知道自己的起跑点及目的地,想出最合适自己的方式,按部就班奔向目的地。

小故事

十多年前,一个十多岁的穷小子,身体非常瘦弱,却在日记里立志长大后做美国总统。如何能实现这样宏伟的抱负呢?经过思索,他拟定了一系列目标:

——做美国总统首先要做美国州长；

——要竞选州长必须得到雄厚的财力后盾的支持；

——要获得财团的支持就一定得融入财团；

——要融入财团最好娶一位豪门千金；

——要娶一位豪门千金必须成为名人；

——成为名人的快速方法就是做电影明星；

——做电影明星前得练好身体，练出阳刚之气。

按照这样的思路，他开始行动。某日，在他看到著名的体操运动主席库尔后，他相信练健美是强身健体的好点子，他开始刻苦而持之以恒地练习健美，希望成为世界上最结实的壮汉。三年后，借着发达的肌肉，一身雕塑似的体魄，在以后的几年中，他囊括了各种世界级"健美先生"的称号。

22 岁时，他踏入了美国好莱坞。在好莱坞，他花费十年时间，利用自身优势，刻意打造坚强不屈、百折不挠的硬汉形象。终于，他在演艺界声名鹊起。当他的电影事业如日中天时，女友的家庭在他们相恋九年后，也终于接纳了这位"黑脸庄稼人"。他的女友就是赫赫有名的肯尼迪总统的侄女。

2003 年，年逾五十七岁的他，告老退出影坛，转而从政，成功竞选为美国加州州长。他的下一个目标就是美国总统。他就是阿诺德·施瓦辛格。

他的经历告诉我们：科学规划，行动有力，就能成功。从这个职业规划案例可以看出：职业规划制定得越早、步骤越详细，越能早日实现自己的梦想。不管这个目标多么艰难、自己的现实和理想之间相差多远，只要自己有恒心、有切实可行细致的计划，并一步一个脚印踏踏实实地去完成，就一定能实现自己远大的理想！

■ 一、生涯成功

所谓的生涯成功，指的是个体工作经历中逐渐积累和获得的心理感受，以及与工作相关的成就。

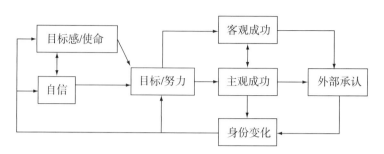

图 1-3   生涯成功的模型

生涯成功主要是一种心理意义上的感受,来源于客观职业生涯成果,但又受到个人认知评价模式的影响。具体过程是:在既定的社会经济政治环境下,受个体社会经济地位和生活经历的影响,个体原有的自信心与目标使命感相互影响,并通过努力实现其目标,获得客观成功(如地位、影响等),受到他人的称赞和认可。更重要的是,由此直接或间接获得主观成功感,促使个体重新整合其自我意识和认知评价,使其主观的身份变化,并进一步影响其自信心、使命感,目标和努力,进而达到新的成功。

具体来说,生涯成功的评价标准一个是客观生涯成功,即职位高、工资收入、绩效、地位、影响等;另外一个就是主观生涯成功,即个人的内在心理感受,如工作满意度,职业满意度等等。

思 考

客观或主观的生涯成功

两个选择到军队工作的年轻人,一个人的目标是成为上校,最后他获得了少校军衔;另一个人的目标是成为中将,最后他成为一名陆军上校。

第一个人的军衔比第二个低,但是第一个人实现了他的目标,而第二个人却没有实现他的目标。

那么谁获得了更大的成功呢?获得更高军衔的人还是超过这个目标的人?成功的度量取决于内部还是外部?

职业成功的三个传统标准是:正式教育、获得工作保障的终身雇佣和等级晋升。Derr(1986)的框架提出了职业成功的五项度量标准,分别是进步、安全、激励、自由和平衡。

Derr 的五项说明如下：

(1)进步：动机来自于对提高的需要，包括专业水平和组织层级阶梯。

(2)安全：在组织中有稳定的地位。

(3)激励：受到工作性质和内容的激励

(4)自由：受到获得自主权的需要和建立自己的工作环境激发。

(5)平衡：获得非工作利益的平等和高价值。

生涯成功要领：斯蒂芬·罗宾斯

1.审慎选择第一项职务；

2.做好工作；

3.展现正确的形象；

4.了解权力结构；

5.获得对组织资源的控制；

6.保持可见度；

7.不要在最初的职务上停留太久；

8.找个导师；

9.支持你的上司；

10.保持流动性；

11.考虑横向发展。

二、生涯成功的影响因素

职业生涯管理的主体有两个：一是组织，二是个人。两个主体的努力方向如果一致，往往能实现双赢，倘若不一致，则会产生矛盾和消极的结果，最后损害组织的发展和员工的利益。组织管理涉入与员工价值偏好的匹配是沟通组织和个人取向的研究重点，实现组织与员工双赢的一条途径。

1.职业生涯取向

Heslin(2005)提出三种职业生涯取向类型，分别是工作取向、生涯取向和使命取向。

工作取向的员工,工作是为了获得物质回报,主要目标是高收入;

生涯取向的员工,注重在工作过程中进行深层次的个人投入,关注职业发展中的进步,以及相应的社会地位、权力、声望;

使命取向的员工,关注自我实现,对他人、社会、世界的影响、贡献和意义。

员工的职业生涯取向必须与组织文化匹配,才能保证职业成功及组织的发展,比如具有工作或生涯取向的员工,只有在市场化的组织文化中,才能更好地适应和发展,而具有使命取向的员工与家族式的组织文化才是最佳的匹配。个人与组织的匹配以及个人与环境的匹配也会极大地促进个人的职业生涯成功。

2.人口学变量

年龄、性别、种族、婚姻都是影响生涯成功的重要因素。

3.人力资本变量

受教育程度、工作经验与时间、职业规划、知识技能等都是影响生涯成功的重要因素。

4.个体差异

认知能力、动机、自我效能、人格特质等都是影响生涯成功的重要因素。

大树理论

1.成为一棵大树的第一个条件:时间。没有一棵大树是树苗种下去,马上就变成大树的,一定是岁月刻画着年轮,一圈圈往外长。

启示:要想成功,一定要给自己时间,时间就是体验的积累和延伸。

2.成为一棵大树的第二个条件:不动。

没有一棵大树,第一年种在这里,第二年种在那里,就可以成为一棵大树,一定是千百年来经风霜历雨雪,屹立不动。正是无数次的经风霜历雨雪,最终长成大树。

启示:要想成功,一定要"任你风吹雨打,我自岿然不动",坚守信念、专注内功,终成正果!

3.成为一棵大树的第三个条件:根基。

树有千百万条根,粗根、细根、微根,深入地底,忙碌而不停地吸收营养,成长自己。绝对没有一棵大树没有根基。

启示:要想成功,一定要不断学习。不断充实自己,自己扎好根,事业才能基业长青。

4.成为一棵大树的第四个条件:向上长。

没有一棵大树只向旁边长,长胖不长高;一定是先长主干再长细枝,一直向上长。

启示:要想成功,一定要向上。不断向上才会有更大的空间。

5.成为一棵大树的第五个条件:向阳光。

没有一棵大树长向黑暗,躲避光明。阳光,是树木生长的希望所在,大树必须知道为自己争取更多的阳光,才有希望长得更高。

启示:要想成功,一定要树立一个正确的目标,并为之努力奋斗,愿望才有可能变成现实。

第二章　生涯发展概述

在变化莫测的世界中,激发自身潜能,寻觅最佳定位,整合一生的多种角色,在生活与工作中获得成功,彰显个体独特的存在意义与价值。

——黄天中

案例导入

在西非西撒哈拉沙漠里,有一个名叫比塞尔的小村落,与世隔绝,当地人祖祖辈辈从未走出这个村庄。据说,并非比塞尔人不愿意离开这块贫瘠的土地,他们也曾多次试图走出沙漠,但每一次都绕回到原地。后来,一位欧洲年轻人来到这里,他建议比塞尔人走出沙漠。当地人阿古特尔跟随这位欧洲青年,一直朝着北斗星的方向走,结果用了三天时间就走出了沙漠。从此,比塞尔人的生活发生了前所未有的变化。

原来,比塞尔村地处浩瀚的沙漠,方圆几千公里没有任何指引物。在一望无际的沙漠里,如果仅凭感觉往前走,人们会走出许多大小不一的圆圈,最后的足迹会是一把卷尺般的形状,只能回到起点。其实,比塞尔人之所以走不出沙漠,原因就在于没有发现或找到正确的指引物——北斗星。

职场何尝不是如此呢?每个人的职业生涯就如同这大漠一样,在亲历之前一切都是如此,成功注定是在大漠的另一边,但是职业的辨识、选择、确立、发展乃至调整和优化,首先需要努力找寻指引前行的"北斗星"。

学习目标

1.什么是职业生涯规划?

2.职业生涯规划对大学生有什么作用?

3.职业生涯应该如何规划?

第一节 职业生涯规划与人生发展

一、职业生涯规划的定义

职业生涯是一个动态的过程,狭义的职业生涯泛指一个人一生中所从事的作为谋生手段的职业,广义的职业生涯则是一个与一生工作活动有关的连续经历。心理学家Schein认为人的生命历程主要受三种因素的交互影响:(1)工作、职业和事业;(2)情感、婚姻和家庭;(3)个人身心发展与自我成长。其中,职业是一个人生活的重要组成部分,它不仅影响个人的整个事业发展,而且影响个人的家庭幸福以及主、客观的社会认可度。

一份工作,尤其是长期从事的职业可以满足人的三方面需求(见表 2-1)。经济方面,能够满足人们的物质需求,能够使人对未来发展产生安全感,能够提供可用于投资的流动资产,提供购买休闲的自由时间、物品和服务的资本,也是人们成功的标志。在社会需求方面,它给人们提供了会面的场所,使人们建立一定的人际关系和潜在的友谊;它赋予工作者与其家庭一定的社会地位,使人们获得受尊重的感觉;它还赋予人们责任感和被需要的感受。在心理方面,它有助于人们的自我肯定和角色认定,增强人们的可信任感、胜任感、自我效能感和投入感,并为人们进行自我评价提供了途径。

表 2-1 职业对人生的影响

经济方面	社会方面	心理方面
1.物质需求的满足; 2.对未来发展的安全感; 3.投资; 4.购买休闲的自由时间; 5.购买服务。	1.提供与人们会面的场所; 2.维持或建立人际关系及潜在友谊(同事、客户等); 3.建立社会地位,受人尊敬; 4.赋予责任感和被人需要的感觉。	1.自我肯定、角色认定; 2.增强可信任感、胜任感、自我效能感、投入感; 3.个人评价。

　　人生的主要内容应包括健康、情感、财富和自我成长,占据人生大部分时间和精力的职业对人生的这四个方面都有不可忽视的影响。工作环境、工作内容和工作回馈都与个人身心健康、自身成长、事业成功息息相关。对职业的审视与选择、对职业的规划与施行,是人生重要的功课,个人的成就与价值的实现亦始于此。可以说,职业问题并不仅仅是工作问题,更关系到整个人生的发展和个人成就。

就业、职业与事业的区别

　　我一直把工作分成三个步骤,这三个步骤是就业、职业和事业,只有一个不能做,就是千万不能失业。我每次在电脑上打事业这两个字的时候,跳出来的总是失业两个字。失业和事业的拼音是一样的,这似乎体现了一种宿命,就是对于很多学生来说,谈事业目前离你们还太远,真正要谈的是能够不失业的问题。真能不失业就要从就业做起。

　　什么叫就业?我有一个定义,就是找一份工作,不管你喜欢不喜欢干,你能干上这份工作,有了一份事业,就可以赚自己的钱,不至于再花父母的钱,这就叫就业。我对学生讲课的时候有一个口头禅就是,22岁以前父母给你经济资助来帮助你大学毕业,如果说这是父母的应尽之职的话,那么到了22岁以后,大学毕业了,不管你是读书上研究生,还是工作,如果再多花父母一分钱都是卑鄙的。因为我认为,人就像动物一样,到了一定的时候,必须要出去养活自己,从来没有听说哪一对老动物带着小动物过一辈子的,它一定有这样一个过程,到了那个点上必须出去,我看过这样的电视片,老鹰看到小鹰会飞的一瞬间就再也不会去理睬那只小鹰了,一定要让它飞出去。

　　就业可以是临时工作,它和你的未来发展方向可以相关也可以不相关。职业则是你选择的这个行业,你打算干它一辈子。就业可以是临时的,职业则是一辈子的。比如说我下定决心自己一辈子不离开老师这个讲台,下定决心以后从来就没有变过,包括后来做新东方,包括现在做新东方,我依然是以一个老师的身份出现的,我依然在给学生上课,我有很多时候有很多的机会可以做别的行业,比新东方赚更多的钱,但我从来没有想过别的,就是因为我觉得做这些东西跟我做老师没有关系,所以我后来的整个事业都是围绕着我的职业展开的。

　　事业是职业的更高境界。事业是你的职业对外的扩展和延伸。它的前提是,就算你事业做失败了,你依然能够回到你的职业上去。明白这个意思吗?如果说你事业做失败了，发现自己变得一无所长了，连职业和事业一起丢了，你就真的只能回去打扫卫生了。对于我来说，我对自己的职业定位是一个英语老师，所以即使现在新东方没有了，我回到老师的位置上，将会相当轻松相当容易，对我来说也一点都不丢面子。为什么？本来就没有新东方，因此就算现在新东方没有了，我还是什么都没丢，因为我原来只是一个老师，现在不做新东方了，回去还是当老师。所以，我觉得以职业为一个中心点，再来扩展你的事业，这是一个很好的选择。所以我相信在座的各位有成就的人，一定是因为自己在某个领域有一个强项，到最后再把这个强项进行扩展，利用这个强项和别人一起来干一番事业。

（资料来源：新东方创始人俞敏洪的演讲）

生涯幻游

现在我们要进行自我暗示放松训练，请注意听，然后按照我所说的去做。首先，请你调整好你的姿势，请你把眼睛闭起来，尝试去感觉你全身的重量是不是很均衡地分配在你的两只脚、大腿、臀部、背部或者手部。请你感觉你左右两边的重量是不是很平衡。然后，请你把一部分注意力转移到你的心跳，尝试着去感觉你的心跳，尝试着去感觉你的心跳。我们不一定能感觉到心跳，只是在你安静下来后，你仿佛能听到你的心跳，或者是你可能什么也感觉不到。所以，你只是尝试着去感觉它。现在你试着把你的注意力分散在两方面，一方面感觉身体的平衡，另一方面试着去感觉你的心跳。好，接下来请你再把一部分注意力转移到你的呼吸，轻松地吸进来，慢慢地呼出去，自然地吸进来，慢慢地呼出去。尝试着控制在呼出去时，让它稍微慢一点；自然地吸进来，慢慢地呼出去。自然地吸进来，慢慢地呼出去。现在你试着将你的注意力分散到三方面，一方面注意身体的平衡，另一方面试着去感受你的心跳，再一方面试着去控制你的呼吸，轻轻地吸进来，慢慢地呼出去；自然地吸进来，慢慢地呼出去。接下来是一个较困难的工作，请你把注意力移到你的手掌心，然后在心里很强地暗示自己，"让我的手心温暖起来，让我的手心温暖起来"。把注意力转移到你的手掌心，在心里很强地暗示自己，"让我的手心温暖起来，让我的手心温暖起来，让我的手心温暖起来。继续尝试下去，继续尝试下去"。现在，请你把你的注意力分散到四个方面，也就是你不特别注意的那一方面，而是把你的注意力随意地分散在四方面：注意身体的平衡；感觉心跳；轻轻地吸进来，慢慢地呼出去；注意你的手掌心，很强地暗示自己，"让我的手心温暖起来，让我的手心温暖起来，让我的手心温暖起来。继续尝试下去，继续尝试下去,继续尝试下去"。

"好,现在请你尽可能放松。在你的位子躺下或调整你觉得最舒服的姿势,现在,闭上眼睛,尽可能放松自己(停顿),调整你的呼吸,呼气(停顿)、吸气(停顿)、呼气(停顿)、吸气(停顿)。好,保持这样平稳的呼吸,接下来,放松身体的每一块肌肉,放松(停顿)、放松(停顿)、放松(停顿)。

想象一下现在你坐在时空穿梭机上,目的地是五年后的某一天,正好是清晨你刚醒来的时刻,是睡到自然醒还是被闹钟吵醒的,现在是几点钟? 你在哪? 观察下四周什么样子的,你看到什么? 闻到什么? 听到了什么?(停顿)起床后的第一件事情做什么?(停顿)洗漱完你正在考虑要穿什么衣服去上班,你最后决定穿什么衣服?(停顿),想象下你正站在镜子前面装扮自己! 当你想到今天的工作时你的感觉怎样,是平静、激动、厌倦还是害怕?(停顿)你现在正在吃早饭,有人和你一起,还是你一个人吃?(停顿)现在你准备去上班,出门后回头看看你住的房子,它是什么样子的?(停顿)

好,现在出发。你用什么交通工具去单位? 有人和你一起吗? 如果有的话是谁呢? 当你走时注意周围的一切。(停顿)单位有多远?(停顿)到达单位了想象一下单位是什么样子的? 它在哪里? 看起来怎么样?(停顿)现在你走进工作的地方,那儿都有些什么人,多少人跟你一起工作,他们在做什么,单位的人都是怎么称呼你的?(停顿)你的办公室是什么样子的? 接下来你要做什么?(停顿)想象下你一上午的工作都做了些什么? 你是用你的思想在工作还是做一些简单的事务性工作。你跟别人一起工作? 还是你主要是独自工作? 是在户外还是室内工作?(停顿)

现在上午的工作结束了,你该吃午饭了,你去哪里吃饭? 跟谁一起吃饭? 你们谈些什么?(停顿)现在回到工作中来,下午的工作与上午的工作有什么不同吗?(停顿)你一天的工作结束了,这一天让你感觉到满足还是沮丧? 为什么?(停顿)今天你还想去别的地方吗(停顿)? 在这一天当中,你还想做的是什么(停顿)?

现在,你回家了,有人欢迎你吗(停顿)? 回家的感觉怎样(停顿)? 你如何与家人分享这一天所做的事(停顿)? 你准备去睡了。回想这一天,你感觉如何(停顿)? 你希望明天也是如此吗(停顿)? 你对这种生活感觉究竟如何(停顿)? 过一会儿,我将要求你回到现在。好了,你回来了……看看周围的一切,欢迎你旅游归来。喜欢你幻游的生活吗? 喜欢的话可以分享你的经历。"

如果参与者不想分享幻游的生活可以花些时间思考,考虑下列问题:

◎ 我五年后典型的一天描述：

※ 我五年后从事的工作的描述

1.工作是＿＿＿＿＿＿＿＿＿＿＿＿＿＿。

2.工作内容是＿＿＿＿＿＿＿＿＿＿＿＿＿。

3.工作的场所＿＿＿＿＿＿＿＿＿＿＿＿＿。

4.工作的场所周围的环境＿＿＿＿＿＿＿＿＿＿＿。

5.工作的场所周边的人群＿＿＿＿＿＿＿＿＿＿＿。

※ 我五年后的生活形态的描述

1.婚姻状况　□已婚　□未婚　□其他＿＿＿＿＿＿＿＿＿。

2.家中成员有子女＿＿＿＿＿人

□父母同居　　□否＿＿＿＿＿　□其他＿＿＿＿＿。

3.居住的场所＿＿＿＿＿＿＿＿＿＿＿＿＿。

4.居住的场所周围环境＿＿＿＿＿＿＿＿＿＿＿＿。

5.居住的场所周围的人群＿＿＿＿＿＿＿＿＿＿＿。

◎请说明下列问题：

1.我在进行幻游过程中,印象最深刻的画面是＿＿＿＿＿＿＿＿＿＿＿＿＿＿＿＿。

2.我在进行幻游后,对比与现在环境最大的不同点是＿＿＿＿＿＿＿＿＿＿＿＿＿。

3.我在进行幻游后,最深的感受是＿＿＿＿＿＿＿＿＿＿＿＿＿＿＿＿＿＿＿。

◎我在进行幻游后,我觉得未来的生涯发展会是怎样的?

1.我认为我未来会从事＿＿＿＿＿职业。

2.我认为我的未来会与幻游过程相关吗?

□是　□不是　□其他

二、生涯与生涯规划

(一)生涯

Super(1976)认为:"生涯是生活里各种事件的连续演进方向和历程,统合了人一生中依序发展的各种职业和生活角色,由此表现出个人独特的自我发展形态;也是人生自青春期到退休以后,一连串有酬或无酬职位之综合,除了职业意外,还包括任何与工作有关的角色,甚至包括副业、家庭、公民的角色。"也就是说,生涯既包括职业前和职业后的活动,也包括其他生活角色。

国内学者南海(2006)认为生涯具有两种意义,从广义上来讲生涯是指社会个体在其整个生命活动中的时空中所经历的以接受教育(培训)与职业转换为主轴的一切活动的总和;从狭义上来讲,生涯既可以指社会个体在其某一段生命活动的时空里所经历的以教育(培训)与职业转换为主轴的一切活动的综合,也可以指社会个体在其某一生命活动的时空里所经历的以非教育(培训)与职业转换为主轴的一切活动的总和。因此,生涯是除职业以外,任何与工作有关的角色,如学生、退休者,甚至包含家庭和公民的角色。角色由三个层面构成:长度,指个人生命的时程;广度,指扮演角色的多少;深度,指角色投入的程度。

(二)主观职业生涯与客观职业生涯

从建构主义的视角,我们可以将生涯分为主观职业生涯和客观职业生涯,如图 2-1 所示。从客观的角度看,生涯是个体一生所要经历的一系列的职业职务;从主观上看,生涯是建立在个体独特的心理体验、社会、历史和经济条件上的。美国学者 Greenhaus 认为,仅凭客观经历来考察客观事件,并不能提供一种对个人和职业全面、丰富的理解;同样的,完全依靠主观感受和价值观,也不能对某一职业生涯的复杂性做出公正的评判(王伟译,2006)

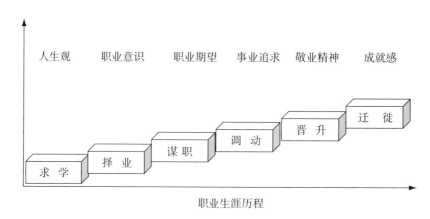

图 2-1 职业生涯主客观二重路径示意图

可见,职业生涯作为一种生命历程或人生经历,是主观选择和客观路径双重因素的辩证统一,共同形成个人职业生涯的基础。一方面,它由一系列客观的人生事件、工作状态或生活情景构成,例如专业选择、初次求职就业、工作调动或地域迁徙、职务晋升等;另一方面,它也是一个人职业成长和发展的心路历程,由工作志向确立或就业期望形成、工作满意度与组织归属感增强、职业道德和敬业精神塑造、事业追求及成就感提升等一系列主观感悟和职业价值体验所组成。在这两个层面上,共同对个人职业生涯发挥着重要作用。

(三)外职业生涯与内职业生涯

Shein(1976)将生涯分为外职业生涯与内职业生涯。

外职业生涯是指从事职业的工作单位、工作地点、工作内容、工作环境、工资待遇等因素的组合及其变化过程,譬如晋升等级,职务晋升为营销经理、市场部经理,薪资收入从年收入 10 万元上升为年收入 30 万元。外职业生涯比内职业生涯更客观,对外职业生涯成果的评估主要取决于在组织中的等级层次以及晋升速度等。外职业生涯的构成要素通常是组织给予的,容易被收回,往往与自己的付出不相符,尤其是职业生涯初期。有的人一生疲于追求外职业生涯的成功,内心极为痛苦,他们往往不了解外职业生涯是以内职业生涯为基础的。

内职业生涯是指从事某一职业所具备的知识、观念、心理素质、能力、内心感受等因素的组合及其变化过程。内职业生涯具有主观性,是个体将心理素质目标确定为受得住挫折,能够应对外界环境变化,做到临危不惧、宠辱不惊。内职业生涯成功取决于个体内在的情感和价值观。与外职业生涯不同,内职业生涯一旦获得,便不容易被收回。

小故事

打开你观念的抽屉

一天,报社的一位年轻记者去采访日本著名的企业家松下幸之助。

年轻人很珍惜这次采访机会,做了认真的准备。因此,他与松下幸之助先生谈得很愉快。采访结束后,松下先生亲切地问年轻人:"小伙子,你一个月的薪水是多少?"

"薪水很少,一个月才 1 万日元。"年轻人不好意思地回答。

"很好! 虽然你现在的薪水只有 1 万日元,其实,你知道吗,你的薪水远远不止这 1 万日元。"松下先生微笑着对年轻人说。

年轻人听后，感到有些奇怪：不对呀，明明我每个月的薪水只有1万日元，可松下先生为什么会说不止1万日元呢？

看到年轻人一脸的疑惑，松下先生接着道："小伙子，你要知道，你今天能争取到采访我的机会，明天也就同样能争取到采访其他名人的机会，这就证明你在采访方面有一定的潜力。如果你能多多积累这方面的才能与经验，这就像你在银行存钱一样，钱存进了银行是会生利息的，而你的才能也会在社会的银行里生利息，将来能连本带利地还给你。"

松下先生的一番话，使年轻人茅塞顿开。

许多年后，已经做了报社社长的年轻人，回忆起与松下先生的谈话时，深有感慨：对于年轻人来说，注重才能的积累远比注重薪水的多少更重要，因为它是每个人最厚重的生存资本。

案例中，这位年轻记者的外职业生涯表现为单位是报社，职务是记者，工资每月一万日元；内职业生涯则表现为具有争取采访名人的能力，还表现在他建立的一个新观念，即对于年轻人来说，注重才能的积累远比注重薪水的多少更重要。内职业生涯的发展是外职业生涯发展的前提，内职业生涯发展带动外职业生涯的发展。松下先生的一番话提醒我们：不能仅仅注重银行账户上的存款，更要注重在社会银行里存入一笔丰厚的无形资产，这将是我们一生受用不尽的财富。因此，在职业生涯发展的各个阶段，人人都要重视内职业生涯的发展，尤其在职业生涯的早期和中前期，内职业生涯的发展比外职业生涯更重要。

▇ 三、大学生职业生涯规划

生涯规划是指个人对职业的主客观条件进行综合分析，结合自身特点进行权衡，确定目标，挖掘自身潜能，做出安排的过程。个人对自身职业的近景和远景规划、职业定位、阶段目标、路径设计、评估与行动方案等一系列计划与行动。古人云："凡事预则立，不立则废。"凡事都需要规划，职业生涯更需如此。职业生涯规划绝不只是协助个人找到一份工作，更重要的是帮助个人认知自我，为自己定下事业大计，筹划未来，拟订一份人生的方向，在综合评估内外环境，"衡外情，量己力"的情况下设计符合自身情况又可行的职业生涯方案。

　　职业生涯规划按照规划时间的长短,可以分为短期规划、中期规划、长期规划和人生规划四种类型。短期规划一般指 3 年以内的规划,主要是确定近期目标;中期规划一般规划 3～5 年的目标和任务;长期规划时间跨度相对较长,一般是 5～10 年,主要设定较为长远的目标;人生规划为整个职业生涯阶段的规划,时间长达十几年,主要是设定整个职业阶段的发展目标和行动规划。

四、大学生职业生涯规划的意义

小故事

　　这是一个关于四只毛毛虫的故事。毛毛虫都喜欢吃苹果,有四只关系很好的毛毛虫,都长大了,各自去森林里找苹果吃。

　　第一只毛毛虫跋山涉水,终于来到一棵苹果树下。它根本就不知道这是一棵苹果树,也不知树上长满了红红的可口的苹果。当它看到其他的毛毛虫往上爬时,稀里糊涂地就跟着往上爬。没有目的,不知终点,更不知自己到底想要哪一种苹果,也没想过怎么样去摘取苹果,只好一切全凭运气了。

　　第二只毛毛虫也爬到了苹果树下。它知道这是一棵苹果树,也确定自己的目标就是找到一个大苹果。问题是它并不知道大苹果会长在什么地方? 但它猜想:大苹果应该长在大枝叶上吧! 于是它就慢慢地往上爬,遇到分枝的时候,就选择较粗的树枝继续爬。于是它就按这个标准一直往上爬,最后终于找到了一个大苹果。这只毛毛虫刚想高兴地扑上去大吃一顿,但是放眼一看,它发现这个大苹果是全树上最小的一个,上面还有许多更大的苹果。更令它泄气的是,要是它上一次选择另外一个分枝,它就能得到一个大得多的苹果。

　　第三只毛毛虫也到了一棵苹果树下。这只毛毛虫知道自己想要的就是大苹果,并且研制了一副望远镜。还没有开始爬时就先利用望远镜搜寻了一番,找到了一个很大的苹果。同时,它发现当从下往上找路时,会遇到很多分枝,有各种不同的爬法;但若从上往下找路时,却只有一种爬法。它很细心的从苹果的位置,由上往下反推至目前所处的位置,记下这条确定的路径。于是,它开始往上爬了,当遇到分枝时,它一点也不慌张,因为它知道该往那条路上走,而不必跟着一大堆虫去挤破头。最后,这只毛毛虫应该会有一个很好的结局,因为它已经有了自己的计划。但是真实的情况往往是,因为毛毛虫的爬行相当缓慢,当它抵达时,苹果不是被别的虫捷足先登,就是苹果已熟透而烂掉了。

第四只毛毛虫可不是一只普通的虫,做事有自己的规划。它知道自己要什么苹果,也知道苹果将怎么长大。因此当它带着望远镜观察苹果时,它的目标并不是一个大苹果,而是一朵含苞待放的苹果花。它计算着自己的行程,估计当它到达的时候,这朵花正好长成一个成熟的大苹果,它就能得到自己满意的苹果。结果它如愿以偿,得到了一个又大又甜的苹果,从此过着幸福快乐的日子。

【启示】

第一只毛毛虫是只毫无目标、没有自己人生规划的糊涂虫,不知道自己想要什么。遗憾的是,我们大部分的人都是像第一只毛毛虫那样。

第二只毛毛虫虽然知道自己想要什么,但是它不知道该怎样去摘得苹果,在习惯中做出了一些看似正确却使它渐渐远离苹果的选择。

第三只毛毛虫有非常清晰的人生规划,也总是能做出正确的选择,但是,它的目标过于远大,而自己的行动过于缓慢,成功对它来说已经是明日黄花。

第四只毛毛虫,它不仅知道自己想要什么,也知道如何去得到自己的苹果,以及得到苹果应该需要什么条件,然后制订清晰实际的计划,在望远镜的指引下,它一步步实现自己的理想。

其实我们的人生就是毛毛虫,而苹果就是我们的人生目标,我们都得爬上人生这棵苹果树去寻找未来。要想得到自己喜欢的苹果,就请做第四只毛毛虫吧!

大学是人一生中最为关键的阶段。大学生从走入大学校门的那刻起,就应该对大学四年有一个正确的认识和规划。当前,知识经济对大学生素质提出了更高的要求,不仅需要大学生具备合理的知识结构,更需要大学生具备较强的逻辑思维能力、社会活动能力和创新能力等综合能力。为了能在大学阶段享受学习的快乐,又能在毕业前找到理想的工作,为今后甚至一生奠定坚实的事业基础,每个大学生都应该学习和掌握生涯规划的方法和技巧。

1.职业生涯规划有助于大学生认清自己、找准定位

比尔盖茨曾对大学生说："做你所爱，爱你所做。"你的才能是你一生最大的财富。大学生职业生涯规划的前提是认识自己。只有充分认识自己、了解自我，才能有针对性地明确职业发展方向。大学生要明确自身的优势和劣势，认真思考"我想做什么"和"我能做什么"的问题，明确自己今后要走的路。在生涯发展的道路上朝着自己既定的目标前进，达到既定高度后，再设置新的高度，渐行渐高，不断地完善自我、逐渐提升。

2.职业生涯规划有助于大学生挖掘潜能、自我实现

生涯规划有助于突破障碍，充分挖掘自身潜能，实现自我。职业生涯规划有助于大学生了解职业生涯的有关知识和概念，促使大学生考虑自己将来成为一名职业人所需要的能力和素质，有目的地汲取知识、加大学习的动力。在生涯发展的过程中，有的大学生对追求理想的工作或人生目标充满疑虑，有的大学生甚至不敢想象或者设立理想目标，对自己能否实现这些目标信心不足。职业生涯规划有助于大学生设立理想的目标，带来希望，最终实现幸福人生。

3.职业生涯规划有助于大学生尽快实现人生目标

生涯目标是个体发展和工作围绕的中心，大学生在大学时代就已经开始形成对未来职业的一种预期，有的大学生忽视客观因素，就业目标过高，过于理想化，甚至有的大学生只看重工资收入、工作环境和城市所在地，放弃自身的专业特长，不顾个人的性格和职业兴趣，职业目标不明确。盲目地攀高追求与选择不仅影响个人目前的就业，也会对个体日后生涯的发展产生不利的影响。因此，大学生应该结合现实和个人因素，合理选择自己的生涯目标，进行职业规划，现在做什么、将来做什么，都应该有合理的预测和科学规划。对生涯目标的确定，需要根据不同时期的特点，根据自身的专业特点、工作能力、兴趣爱好等进行分阶段制定。

小故事

选　择

如果"你"被判关进监狱三年，监狱长许诺满足"你"一个要求，"你"会要求什么？

有三个人要被关进监狱三年，监狱长给他们三个一人一个要求。

美国人爱抽雪茄,要了三箱雪茄。法国人最浪漫,要一个美丽的女子相伴。而犹太人说,他要一部与外界沟通的电话。

三年过后,第一个冲出来的是美国人,嘴里鼻孔里塞满了雪茄,大喊道:"给我火,给我火!"原来他忘了要火了。接着出来的是法国人,只见他手里抱着一个小孩子,美丽女子手里牵着一个小孩子,肚子里还怀着第三个。最后出来的是犹太人,他紧紧握住监狱长的手说:"这三年来我每天与外界联系,我的生意不但没有停顿,反而增长了200%,为了表示感谢,我送你一辆劳施莱斯!"

这个故事告诉我们,什么样的选择决定什么样的生活。今天的生活是由三年前我们的选择决定的,而今天我们的抉择将决定我们三年后的生活。我们要选择接触最新的信息,了解最新的趋势,从而更好地创造自己的将来。

第二节　职业生涯规划理论

案例导入

陈涛在泉州读大学,专业是财务管理。他做过职业倾向测试,确认自己属于社会型和艺术型。他从小对艺术人文之类的东西感兴趣,如美术、音乐和文学,但对数理化的东西一窍不通。陈涛不喜欢机械、数据类的东西,对电脑硬件不敏感,但他喜欢研究人,研究社会。

陈涛从大一开始就做些小生意,在学校摆摊卖一些生活用品,赚到了一些钱就用于旅游和喝酒吃饭。大二的时候做家教中介,如果有好的家教就自己亲自上阵。大三的时候,约了一些同学到市场调查公司做兼职,主要是做调查员、发传单。

毕业后,陈涛到了厦门,找了一份市场调查的工作,在咨询公司做督导,主要负责培训、分配任务、检查工作质量。也在工作中学到不少东西,像如何跟人打交道、如何计划和总结、如何管理一个项目等等;后来跟一些大学合作,做社会研究的课题。现在,陈涛开办了数码工作室,工作内容是联系各中学初三毕业班的学生,做毕业电子相册,卖光盘,这是他工作室的主要业务。

陈涛说,这几年,可以说经历了不少东西,天马行空自由自在。回想起来,有许多事情在具体操作时非常劳累,但收获也很多,一路走来坎坷不平,但也不能怪谁,只能怪自己读书的时候不用心,又不能坚持自己的兴趣,最终还是随大流,被社会牵着走。想想自己也是快成家的人了,得早点为事业作一个明确的规划。尽管有一定的认识,但仍存在许多困惑。

一、职业生涯规划的产生

职业生涯规划起源于 20 世纪初,当时美国大量的年轻人失业,有"职业指导之父"之称的弗兰克·帕森斯(Frank Parsons)针对这种情况,成立了世界上第一家职业咨询机构——波士顿地方就业局,并首次提出了"职业咨询"的概念,开创了职业生涯规划的先河。

后来,职业生涯规划以其科学性、实用性在各行各业中得到推广。总的来说,美国大学生就业指导理论与实践的发展主要经历以下几个阶段:

第一阶段,职业指导理论阶段;

第二阶段,就业指导走向实践阶段;

第三阶段,促进个体内在发展阶段;

第四阶段,人职匹配阶段;

第五阶段,生涯指导阶段。

二、特质因素理论

弗兰克·帕森斯的特质因素理论又被称为人职匹配理论。所谓的"特质",就是指个人的人格特征,包括能力倾向、兴趣、价值观和人格等,这些都可以通过心理测量工具加以测量。所谓"因素"则指在工作上要有取得成功所必须具备的条件或资格,这可以通过对工作的分析而进行了解。

特质因素理论的核心观点如下:

(1)每个人都有自己独特的人格模式,每种人格模式都有其相适应的职业类型。

(2)在选择职业时,首先须通过心理测量工具评估个人的能力,从而对自己的态度、能力、兴趣等有清楚的了解;其次,要了解各行各业达到成功所需要的条件、优点、酬劳、机会以及未来展望等;再次,要以个人和职业的互相配合作为职业辅导的最终目标。

(3)测验工具的使用和有关职业资料的提供是职业辅导的重心。

特质因素理论的一个突出特点是它关注个人性向、成就、兴趣和价值观、人格与职业条件的匹配,而没有关注到个人的特质与工作环境都是在变化的,即忽视了生涯的发展性。该理论假设每个人只有唯一的生涯目标及生涯决策,这样的观点缺乏动态性,缩小了个人职业选择的范围,与人们扩展生涯选择范围的期待相反,这也成为特质因素理论的局限所在,从而使其逐渐为后来的生涯发展理论取代。

■ 三、生涯发展论

舒伯于 1953 年提出"生涯"概念。

舒伯生涯发展论强调从职业到生涯的转变,强调自我概念的重要性。舒伯将人的职业发展划分为以下五个不同的阶段。

成长阶段:0～14 岁,职业能力的逐渐成长阶段,可细分为幻想期、兴趣期、能力期三个时期。

探索阶段:15～24 岁,择业、初就业阶段,又可细分为试验期、过渡期、尝试期三个时期。

建立阶段:25～44 岁,建立稳定职业阶段,又可细分为尝试期、稳定期两个时期。

维持阶段:45～64 岁,即所谓的"功成名就"维持阶段。

衰退阶段:65 岁以后,逐步退出职业生涯。

舒伯的生活/生涯彩虹图理论(见图 2-2)认为,人的生活角色共有 9 种,每一个人在其有生之年的不同时期都担当着一个或者多个角色,每一种角色的强度随时间的推移而发生变化。这 9 种角色分别是孩子、学生、休闲者、公民、工作者、退休者、配偶或者伴侣、持家者、父母/祖父母。一个人的生涯发展还受到环境因素和个人因素两方面的影响制约。环境因素,即社会结构、历史变化、社会经济条件和组织、就业经验、学校、社区、家庭。个人因素,即意识、态度、兴趣、需要—价值观、一般能力/特殊能力、生物遗传。

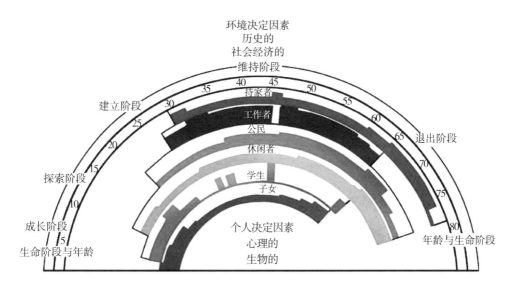

图 2-2　生活/生涯彩虹图理论

显然,生涯规划绝不仅仅是选择一个大学专业、一份职业或者一个工作地点。它包括彻底地分析每个人自身及其在生活中所扮演的所有角色。

四、职业锚理论

美国施恩(Shein)教授提出职业锚理论,认为职业锚是一个人不得不做出选择时,无论如何都不会放弃的职业中的那些至关重要的东西或价值观。职业锚实际上就是人们选择和发展自己职业时所围绕的中心,是企业和个人进行职业决策的核心问题。

施恩认为有以下几种职业锚类型:

技术/职能型:追求在技术/职能领域的成长和技能的不断提高,以及应用这种技术/职能的机会。他们对自己的认可来自他们的专业水平,他们喜欢面对来自专业领域的挑战。他们一般不喜欢从事一般的管理工作,因为这将意味着他们放弃在技术/职能领域的成就。

管理型:追求并致力于工作晋升,倾心于全面管理,独自负责一个部分,可以跨部门整合其他人的努力成果,他们想去承担整个部分的责任,并将公司的成功与否看成自己的工作。具体的技术/功能工作仅仅被看作是通向更高、更全面管理层的必经之路。

自主/独立型:希望随心所欲安排自己的工作方式、工作习惯和生活方式;追求能施展个人能力的工作环境,最大限度地摆脱组织的限制和制约。他们宁愿放弃提升或工作扩展机会,也不愿意放弃自由与独立。

安全/稳定型:安全/稳定型的人追求工作中的安全与稳定感,他们可以预测将来的成功从而感到放松。他们关心财务安全,如退休金和退休计划。稳定感包括诚信、忠诚,以及完成老板交代的工作。尽管有时他们可以达到一个高的职位,但他们并不关心具体的职位和具体的工作内容。

创业型:创业型的人希望使用自己的能力去创建属于自己的公司或创建完全属于自己的产品(或服务),而且愿意去冒风险,并克服面临的障碍。他们想向世界证明公司是他们靠自己的努力创建的。他们可能正在别人的公司工作,但同时他们在学习并评估将来的机会。一旦他们感觉时机到了,他们便会自己走出去创建自己的事业。

服务型:追求他们认可的核心价值,例如:帮助他人,改善人们的安全,通过新的产品消除疾病。他们一直追寻这种机会,即使这意味着即使变换公司,他们也不会接受不允许他们实现这种价值的工作变换或工作提升。

挑战型:喜欢解决看上去无法解决的问题,战胜强硬的对手,克服无法克服的困难障碍等。对他们而言,参加工作或职业的原因是工作允许他们去战胜各种不可能。新奇、变化和困难是他们的终极目标。

■ 五、人格类型理论

1959 年霍兰德(Holland)以自己的职业咨询经验为基础提出了一种关于职业选择的人格类型理论。这是一种在特质—因素理论基础上发展起来的人格与职业类型相匹配的理论,其理论观点在于:职业选择是个人人格的反映和延伸,人格(包括价值观、动机和需要等)是决定一个人选择何种职业的重要因素;个人职业选择分为六种"人格性向",分别为现实型、研究型、艺术型、社会型、企业家型、传统型;工作性质也分为六种:现实性的、调查研究性的、艺术性的、社会性的、开拓性的、常规性的。人格类型理论的实质在于择业者的人格特点与职业类型的适应。适宜的职业环境中个人可以充分施展自己的技能和能力,表达自己的态度和价值观,并且能够完成那些令人愉快的使命。

霍兰德划分的六种人格性向和职业类型的具体内容如下：

（一）现实型

现实型的人愿意使用工具从事操作性强的工作；动手能力强，做事手脚灵活，动作协调；不善言辞，不善交际。

职业类型：各类工程技术工作、农业工作；通常需要一定体力，需要运用工具或操作机械。

主要职业：工程师、技术员；机械操作、维修安装工人、木工、电工、鞋匠等；司机；测绘员、描图员；农民、牧民、渔民等。

（二）研究型

研究型的人抽象能力强，求知欲强，肯动脑筋，善思考，不愿动手；喜欢独立和富有创造性的工作；知识渊博，有学识才能，不善于领导他人。

职业类型：主要指科学研究和科学实验工作。

主要职业：自然科学和社会科学方面的研究人员、专家；化学、冶金、电子、无线电、电视、飞机等方面的工程师、技术人员；飞行驾驶员、计算机操作人员等。

（三）艺术型

艺术型的人喜欢以各种艺术形式的创作来表现自己的才能，实现自身价值；具有特殊艺术才能和个性；乐于创造新颖的、与众不同的艺术成果、渴望表现自己的个性。

职业类型：主要指各种艺术创造工作。

主要职业：音乐、舞蹈、戏剧等方面的演员、艺术家编导、教师；文学、艺术方面的评论员；广播节目的主持人、编辑、作者；绘图、书法、摄影家；艺术、家具、珠宝、房屋装饰等行业的设计师等。

（四）社会型

社会型的人喜欢从事为他人服务和教育他人的工作；喜欢参与解决人们共同关心的社会问题，渴望发挥自己的社会作用；比较看重社会义务和社会道德。

职业类型：主要指各种直接为他人服务的工作，如医疗服务、教育服务、生活服务等。

主要职业：教师、保育员、行政人员、医护人员、衣食住行服务行业的经理、管理人员和服务人员、福利人员等。

（五）企业家型

企业家型的人精力充沛、自信、善交际，具有领导才能；喜欢竞争，敢冒风险；喜欢权力、地位和物质财富。

职业类型：主要指那些组织与影响他人共同完成组织目标的工作。

主要职业：经历企业家、政府官员、商人、行政部门和单位的领导者、管理者。

（六）传统型

传统型的人喜欢按计划办事，习惯接受他人的智慧和领导，自己不谋求领导职位；不喜欢冒险和竞争；工作踏实、忠诚可靠，遵守纪律。

职业类型：主要指各类文件档案、图书资料、统计报表之类相关的各类科室工作。

主要职业：会计、出纳、统计人员，打字员，办公室人员，秘书和文书，图书管理员，旅游、外贸职员，保管员，邮递员，审计人员，人事职员等。

美国职业心理学家霍兰德创立的人格类型理论对人才测评的发展产生了重要的影响。在人格和职业的关系方面，霍兰德提出了一系列假设：（1）在现实的文化中，可以将人的人格分为六种类型：实际型、研究型、艺术型、社会型、企业型与传统型，每一特定类型人格的人，便会对相应职业类型中的工作或学习感兴趣；（2）环境也可区分为上述六种类型；（3）人们寻求能充分施展其能力与价值观的职业环境；（4）个人的行为取决于个体的人格和所处的环境特征之间的相互作用。在上述理论假设的基础上，霍兰德提出了人格类型与职业类型模式。不同类型人格的人需要不同的生活或工作环境，例如"实际型"的人需要实际型的环境或职业，因为这种环境或职业才能给予其所需要的机会与奖励，这种情况即称为"和谐"（congruence）。类型与环境不和谐，则该环境或职业无法提供个人的能力与兴趣所需的机会与奖励。霍兰德在其所著的《职业决策》一书中描述了六种人格类型的相应职业。

然而上述的人格类型与职业关系也并非绝对的一一对应。霍兰德在研究中发现，尽管大多数人的人格类型可以主要地划分为某一类型，但个人又有着广泛的适应能力，其人格类型在某种程度上相近于另外两种人格类型，则也能适应另两种职业类型的工作。也就是说，某些类型之间存在着较多的相关性，同时每一类型又有种极为相斥的职业环境类型。霍兰德用一个六边形简明地描述了六种类型之间的关系。

根据霍兰德的人格类型理论，在职业决策中最理想的是个体能够找到与其人格类型重合的职业环境。一个人在与其人格类型相一致的环境中工作，容易得到乐趣和内在满足，最有可能充分发挥自己的才能。

六、生涯发展阶段理论

（一）萨柏的职业生涯发展阶段理论

萨柏将职业生涯发展分为五个阶段：成长阶段、探索阶段、确立阶段、维持阶段和衰退阶段。

（1）成长阶段是 0~14 岁，分为幻想期（10 岁前）、兴趣期（11~12 岁）和能力期（13~14 岁）。这个阶段受到家人、老师、同学、朋友的影响，逐步建立自我概念，对职业产生好奇、幻想和兴趣，开始有意识地培养职业能力。

（2）探索阶段是 15~24 岁，分为试验期（15~17 岁）、转变期（18~21 岁）和尝试期（22~24 岁）。这个阶段积极地探索各种可能的职业，现实地评价个人能力和天赋，根据职业选择做出教育决策，最后完成择业和初就业。

（3）确立阶段是 25~44 岁，分为尝试期（25~30 岁）、稳定期（31~44 岁）和职业中期危机阶段（30~40 岁）。经过早期的探索，确立稳定的职业，谋求发展，此阶段是职业生涯的核心阶段。

（4）维持阶段 45~64 岁，这一阶段已获得一定成就，不再考虑更换职业，更多的是维持已取得的成就和社会地位，平衡家庭和工作的关系。

（5）衰退阶段从 65 岁开始，健康状况和工作能力渐渐衰退，即将结束职业生涯，权利和责任开始减少。

（二）金斯伯格的职业生涯发展阶段理论

金斯伯格将职业生涯分为三个阶段：幻想期、尝试期和现实期。

（1）幻想期指 11 岁以前的儿童时期，儿童对所接触到的职业充满好奇，幻想着自己长大从事什么职业，并极力效仿，但只是单纯的兴趣爱好，没有考虑自身的条件和机遇，完全是幻想。

（2）尝试期从 11~17 岁，是从少年向青年过渡的时期，分为兴趣阶段（11~12 岁）、能力阶段（13~14 岁）、价值观阶段（15~16 岁）和综合阶段（17 岁）。此阶段的知识和能力得到增长,逐渐形成自己的价值观,初步了解社会,开始结合自身的条件和机遇考虑职业。

(3)现实期指17岁以后的青年期和成年期,分为试探阶段、具体化阶段和专业化阶段。这个时期能客观地将职业愿望和实现条件结合,有具体和现实的职业目标。

(三)格林豪斯的职业生涯发展阶段理论

格林豪斯从不同阶段所面临的主要任务的角度来划分职业生涯,将其分为五个阶段:职业准备阶段、进入组织阶段、职业生涯初期、职业生涯中期和职业生涯后期。

(1)职业准备阶段在0～18岁之间,主要任务是发展职业想象力、培养职业兴趣、选择职业、接受必要的职业教育和培训。

(2)进入组织阶段在18～25岁之间,主要任务是通过求职了解更多的信息,选择适合的工作,并获得较理想的工作。

(3)职业生涯初期在25～40岁之间,主要任务是适应组织和工作,不断提高工作能力。

(4)职业生涯中期在40～55岁之间,主要任务是学习新知识、努力工作,争取有成就的同时,对早期的职业生涯进行重新评估,决定是否需要重新择业。

(5)职业生涯后期从55岁到退休,主要任务是保持已有的成就,引导他人,准备退出。

4.施恩的职业生涯发展阶段理论

施恩根据人在不同时期的特点和所面临的问题,将职业生涯分为九个阶段:成长、幻想、探索阶段,进入工作世界,基础培训,早期职业的正式成员资格,职业中期,职业中期危险阶段,职业后期,衰退和离职阶段,退休。

(1)成长、幻想、探索阶段从0～21岁,充当的角色是学生、职业工作的候选人。

(2)进入工作世界从16～25岁,充当的角色是应聘者和新学员。

(3)基础培训从16～25岁,充当的角色是实习生和新手。

(4)早期职业的正式成员资格从17～30岁,充当的角色是组织新的正式成员资格。

(5)职业中期为25岁以上,充当的角色是正式成员、任职者、主管、经理等。

(6)职业中期危险阶段从35～45岁。

(7)职业后期从40岁以后直到退休,充当的角色是骨干成员、管理者、有效贡献者等。

(8)衰退和离职阶段从40岁直到退休,不同的人会在不同的年龄衰退或离职。

(9)退休,离开组织或职业的具体年龄因人而异。

第三节　生涯规划流程

案例导入

　　两个工商管理专业毕业的大学生,一个进入收入稳定、工作悠闲的机关,另一个则进入了一家小公司,成为一名净水器销售员。最初的几年,业务员因为入门时间短、客户不多,收入微薄,而机关工作的白领轻闲自在,其乐融融。但是销售员有着自己的明确目标,就是拥有自己的公司。为此,他制订了自己的十年发展计划,每个月规定了要联系多少家客户,每年要开拓几个市场。就这样坚持下来,十年后,销售员拥有覆盖几个省的客户群,从原来的公司跳槽出来,成了一家全国净水器的区域总代理,事业逐渐发达起来,拥有了几千万的资产。而那个机关白领,仍然在从事着跑前跑后收发文件的烦琐工作。

　　从这个事例中,我们可以得到这样的启示:大的目标要从最基础的小事,也即最艰难的事情做起,虽然暂时难一点,但从长远来看,既可以锻炼能力又可以积累宝贵的经验,应该说这是为迈向高层奠定基础的必要过程,是实现长远职业目标的最好开端。

一、职业生涯制定的原则

　　一般来说,制定职业规划,一般应遵循以下几个原则:

　　(1)清晰性原则。目标应清晰明确,实现步骤应科学合理。

　　(2)挑战性原则。目标应恰如其分,既能够通过努力顺利实现,又具有一定的挑战性。

　　(3)变动性原则。目标或措施应有回旋的余地,充分考虑可能发生的变化。

　　(4)一致性原则。主要目标与分目标应该一致,目标与措施要保持一致,个人目标与整体目标要相互一致,也就是说,要把企业的目标与自己的目标有机结合起来。

　　(5)激励性原则。目标要符合自己的性格、兴趣和特长,对自己产生内在激励作用。

　　(6)合作性原则。个人的目标与伙伴的目标要具有合作性与协调性。

　　(7)全程性原则。职业规划必须考虑到职业生涯发展的整个历程。

(8)具体原则。职业规划各阶段的路线化为与安排必须具体,有较强的可行性。

(9)实际原则。规划时要考虑到自己、组织、社会环境以及其他相关的因素,选择最可行的途径。

(10)可评估性原则。规划应有明确的时间限制或标准,以便随时掌握执行状况,及时修正。

二、职业生涯规划步骤

不同职业有不同的特点和适应性,职业生涯规划的目标就是能够从事一份适合自己兴趣、性格、能力的职业。通过职业生涯规划,把"我想做的事情"和"我能做的事情"有机结合起来,使自己的优势得到最大限度的发挥,需求得到最大满足。

第一,树立正确的发展信念。

职业生涯规划是在谋求发展的信念支配下展开的。简单说,信念引导规划。

罗杰罗尔斯说:"信念值多少钱?信念是没有价值的,它有时甚至是一个善意的欺骗。然而,你一旦坚持下去,它就会迅速升值。"

世界上所有的成功者,虽然成功的情况各有不同,但是有一点是高度一致的,那就是他们都具有明确的奋斗目标和积极的人生态度——那就是人发展的内驱力、原动力,能够持续地激发内心成功的欲望和奋斗的激情。

第二,自我认识与评估。

职业生涯规划一般是在了解自我的基础上,确定适合自己的职业方向、目标,并制定相应的计划。因此,个人规划的第一步就是客观地分析自我。

自我认识和评估就是对内在因素的认识和评估,包括健康状况、教育背景、经济状况、年龄性别、兴趣爱好、价值观、能力、个性特征等内容。

第三,环境分析和评估。

环境分析和评估就是对外在因素的认识和评估,包括家庭对自己的要求和希望,朋友之间的影响以及社会环境、经济态势、行业状况等。

第四,进行职业决策。

职业决策就是职业方向定位。良好的职业方向定位就是以自己的最佳才能、最优性格、最大兴趣、最有利的环境等信息为依据,分析需求性格、兴趣、特长、专业等方面与职业的匹配。

第五,设定职业目标。

目标是发展信念的具体话。发展必须具有明确目标,规划围绕目标进行。

第六,制订职业发展计划。

制订行动方案与计划就是明确根据计划你要做什么。

第七,评估反馈与修正调整。

在追求职业生涯目标的过程中要自觉的总结经验和教训,调整对自己的认知和最终的职业生涯目标。

第三章　职业价值观

第一节　大学生职业价值观

案例导入

　　毕业季即将到来,宿舍几位同学在"卧谈会"上展开了热烈的讨论,他们今天的讨论主题就是《未来生活和工作的理想状态》,纵观这几位同学的讨论,我们会发现,不同人对理想生活和工作的期待是千差万别的。有的人一心要留在大城市,而有的人心甘情愿回老家;有的人专注于考公务员,有的从小的梦想是当老师,而有的人想进外企;有的人想到互联网行业当个程序员,有的人认为快消行业潜力巨大,有的人想去房地产行业当精英;有的人希望赚很多钱成为富一代,有的人希望可以将自身所学帮助世间需要的人,发挥自身价值,有的人想和家中爸妈安稳度日。虽然现实有时候并没有那么刚好让你专业对口,将四年所学加以实践。但是我们同样可以发现,有的人愿意去选择一项完全陌生、与所学专业大相径庭的行业,去追求一种新的生活,开拓一片新的天地。也许这些都和——职业价值观密切相关。

学习目标

　　掌握大学生职业价值观的内涵

重点难点

　　明确大学生职业价值观的特征

一、价值观的内涵

　　价值观是一个多维度、多层次的观念系统。在社会学、心理学、哲学、经济学等领域都有大量研究。国内外许多学者都对价值观进行了定义，但是并没有统一的标准。一般而言，价值观是指一个人对周围的客观事物的意义、重要性的总体评价和看法，它使人的行为带有稳定的倾向性。什么东西是否有价值，就在于你对它持什么样的看法。心理学家黄希庭(1994)对价值观下的定义为："价值观是人区分好坏、美丑、损益、正确与错误、符合和违背自己意愿等的观念系统，它通常是充满感情的，并为人的正当行为提供充分理由。"价值观虽然相对稳定，但也会因时间和空间的不同而发生改变

据台湾 104 人力银行针对 25～35 岁上班族的调查显示，现今 80 后对"五子登科"的解释，已从原本的"妻子、房子、孩子、车子、票子"转变为"票子、乐子、胆子、名子、位子"。

票子：代表高薪；

位子：正式适当的头衔(职称)；

名子：良好的口碑；

胆子：敢冒险，有勇气迎接挑战；

乐子：快乐地工作。

▨ 二、价值观的特征

首先，价值观具有稳定性和持久性。在特定的时间、地点、环境下，人们的价值观是持久而稳定的，出现了一致性。例如，人们对某事物的喜恶都有一个比较固定的看法，条件不变，看法也不变。

其次，价值观具有历史性和选择性。一个人出生在不同的时代、不同的环境，受其家庭和社会的影响，逐步形成了自身的价值观。这个人所处的社会与其社会经济地位的不同，其形成的价值观就不同。

再次，价值观具有主观性。各人心中各有一把秤，评价事物的好与坏，每个人心中都有一个评价标准，这个标准就是价值观。

最后，价值观具有时代性和阶级性。随着时代的发展，在一个社会中占主导地位的阶级主导了这个社会的价值观，这个价值观就集中反映了这个阶级的统治意志。

三、职业价值观的内涵

职业是什么？中国古代"六卿分职"，"职"就是指执掌之事。"业"是古代计时的方法，就是把要做的事在木棒上刻成锯齿状，有多少事就刻多少齿，做完一件事就削去一个齿，叫作"修业"。因此，"职业"就是分内应该做的事。职业具有同一性、差异性、层次性、基础性、广泛性、时代性等特征。一个国家的经济体制、产业结构和科学技术水平决定了社会的职业构成。职业是社会发展的产物，因此职业的多样性就产生了职业的评判，进而出现了对职业价值观的研究。我国国内大部分学者在研究职业价值观时，更倾向于从心理学的角度着手，他们认为职业价值观应该隶属于人生观，也可以说是一种个性的体现。

所谓的"人各有志"。在职业选择来看，这个"志"就是职业价值观。它是一种具有明确的目的性、自觉性和坚定性的职业选择的态度和行为，对一个人的职业目标和择业动机起决定性的作用。职业价值观指人生目标和人生态度在职业选择方面的具体表现，也是一个人对职业的认识和态度以及他对职业目标的追求和向往。与价值观相对应，职业价值观是人们选择职业时，更看重哪方面的回报和优势。有人看重的是职业的稳定性，有人看重的是职业发展的前景，有人追求的是当下的经济回报等。因为一个人一生中的大部分时间将与职业为伴，因此挑选一份符合自己职业价值观的职业就显得尤为重要。不仅如此，还会使人更愉快地工作，更容易收获成功。由于每个人的自身条件、家庭背景、性格、阅历、兴趣爱好的不同，人们对于各种职业都有不同的主观评价。心理学家研究也发现，不同个体的职业价值观不同，因此对某一职业的评价及取向也是不同，这主要是根源于家庭背景、兴趣爱好等多方面因素的综合。

四、大学生价值观的内涵

大学生的价值观屡屡被研究，这主要是因为他们对职业的看法和观点直接关系到其自身的就业问题，大学生是祖国的未来的希望，并且群体庞大，因此对于我国经济的发展和社会主义现代化的建设影响深远。这些年来我国许多专家学者对当代大学生的职业价值观进行了大量富有成效的调查与研究，并取得一定的成果。这些成果中有一项意义重大的就是大学生的职业价值观的内涵,即大学生在职业选择中的各种影响因素的价值评判体系,是对未来选择某种职业的根本的观点和缘由。大学生职业价值观是其价值观中的一个重要组成。它也使其择业行为具有一定的选择性和倾向性。当代大学生的职业价值观随着市场经济的飞速发展发生了变化。当代大学生的择业已从过去的服从分配到如今以经济利益为导向的择业倾向。

五、大学生职业价值观的特征

由近几年来的"考研热"、"考公热",我们不难看出,虽然随着市场经济的发展以及社会现代化程度的提高,职业种类越来越多样化。但是追求事业单位的稳定或经济待遇高的企业仍然是备受追宠的选择,而像支援西部和收入低微的单位这些职业选择却是备受冷落。在大学毕业求职时,大学生的生理与心理都已经较为成熟,他们是用一种理性的思维在做出职业选择。因此,这正是体现了他们现阶段的职业价值观。新形势下的大学生职业价值观呈现出新的特征。

首先,大学生职业价值观是因人而异的。世界上没有一片叶子是一模一样的,因此,由于每个人先天素质的不同与后天环境的影响,个人的职业价值观也是不一样的。

其次,大学生职业价值观是相对稳定的。大学生的生理和心理都较为成熟,人格也发展得较为全面,大学生的职业价值观一旦确定,就会相对稳定。但是随着大学生经验的积累、阅历的丰富、知识的增长以及内在外在环境的变化。其职业价值观也会随之改变。

再次,大学生职业价值观具有阶段性。马斯洛的需要层次理论表明,当人的低层次的需要获得满足,就会产生更高层次的需要。大多数大学生的职业价值观的阶段性表现在,当他们某阶段的自身需要得到满足时,就会产生新需要,新的职业价值观也随之产生。

对职业的追求必须先澄清自己的职业价值观,而不要人云亦云地盲目选择,等好不容易获得,才恍然惊觉"这不是我要的",而陷入"食之无味、弃之可惜",进退两难的窘境。每个人的职业价值观不尽相同,优先次序也不同,必须加以了解、澄清。就每个人的价值观而言,什么叫作有成就、成功,是由每个人自己去思考、自己去下定义的。

第二节　当代大学生职业价值观的现状和成因

案例导入

　　上海市教委公布 2016 年度预警专业:英语、国际经济与贸易、法学、工商管理、物流管理、新闻学、旅游管理、信息管理与信息系统、市场营销、行政管理。它们在部分高校中连续多年招生录取率和就业率不太理想。这些专业重复设置相对较多,本科专业就业率相对较低。

　　小炜对法学很感兴趣,从小就梦想长大后可以成为一名法律工作者,帮助社会那些需要帮助的弱势群体。可是让他困扰的是他心仪的法学专业时常和"难就业""专业红牌预警""毕业生人数最多"等字眼连在一块,他应该坚持他的梦想吗? 还是选择其他"好就业"的工作?

学习目标

　　了解当代大学生的职业价值观现状

重点难点

　　正确引导当代大学生的职业价值观的形成

一、当代大学生职业价值观的现状

　　随着我国改革开放的不断深入,市场经济体制的逐步确立,社会生活方式、就业形式、工作岗位、经济成分和利益主体都呈现出多元化的特征。当代大学生职业价值观也表现出了一些新兴的特点:

(一)职业价值观标准发生变化

　　大学生在职业选择时所表现出来的价值观由理想化变为务实化。如今,大学生所听到的最多的是"先就业,再择业,后创业"。在找对象时,也从"关注社会"到"关注个人"。在择业时将发展前景、成长机会、薪酬福利、自我需求作为择业的主要因素。和市场经济之前的"祖国哪里需要我,我就冲向哪里"不同,现如今绝大多数的毕业生在选择职业时,认为沿海经济发达地区和大城市是自己的选择方向,选择去农村工作的毕业生寥寥无几。有研究表明,无论一本还是二本院校的学生,在职业选择中都看重"利他主义""人际关系",不难发现当代大学生在选择职业时表现出的多层次化。依据马斯洛的需求理论,当代大学生在选择职业时会更看重个人和社会需求的结合、低层次和高层次需求的结合、内在价值需求和外在价值需求的结合,寻求自我发展和社会发展的统一。

(二)职业价值观取向发生变化

当今大学生的价值取向复杂化,他们处于理想与现实、现代与传统、精神和物质的冲突之中。他们密切关注国家发展、民族繁荣,仍怀着"奉献社会、报效祖国"的美好憧憬,但是行动中却往往表现出只顾眼前利益、不进行长远考虑和人生定位;他们内心即使希望物质与精神并进,但求职时却常常更偏向于经济利益;他们既向往有巨大的成功,但是又害怕失败,缺乏竞争的勇气,又寄希望于政府能保障就业,追求稳定工作;他们既追求自我奋斗、自我实现,又希望工作轻松安逸;他们既期待专业对口,又准备随时放弃专业,改行跳槽。

(三)职业价值观目标发生变化

市场经济前,大学生的职业价值观是长期化的。大学生一旦选择了专业,就做好长期从事所学专业的准备,将毕生精力献身于所从事的职业目标。市场经济以后,绝大多数大学生的职业价值目标是短期的,有的大学生调换工作很频繁。当今大学生"爱一行,干一行"的价值目标已占上风,成为社会主流。

(四)职业价值观的实现途径发生变化

市场经济之后,由之前的"毕业包分配"这样的"刚性化"职业价值实现途径变为"双向选择"的"柔性化"的阶段。所谓"柔性化",是指在实现职业价值过程中,通过多次的实践、失败、成功、体验,最后确定职业目标的过程。这个过程具有弹性和张力。更多的大学生会选择通过多次选择、行业"跳槽"、职业流动的方式逐渐实现自我价值。因为他们意识到职业是个人实现自我价值的重要途径,选择职业是人生的一大重要课题。

(五)职业价值观心态的变化

市场经济之前的大学生的职业价值心态普遍呈现一种积极的倾向。市场经济之后除了积极的倾向外,也逐渐暴露出一些消极的取向,主要表现在自我定位过高、就业心态功利性强、拜金主义、社会责任感淡薄和心理焦虑等。

(六)职业价值观表现形式的变化

市场经济以前,我国大学生职业价值观总体上有相当大的共性。而现今却有较强的时代差异性。当今大学生把"实现个人价值"、"丰厚报酬"、"优良的工作环境"和"晋升发展的空间"作为首选标准。男性大学生对职业选择与经济收入的关联性极其关注,而与职业社会声望的相关性关注程度较低;女大学生情况却相反。

各年级的大学生在职业价值观上表现出显著区别。低年级大学生比较重视开发性和创造性,高年级大学生比较重视经济收入和名声。低年级更注重社会贡献,高年级更注重实际。

文史类大学生更富有理想主义,择业时更看重感性因素;理工类大学生更加理性,选择职业很少带有感情因素。

经济发达地区的大学生更看重人际关系拓展技巧,经济薄弱地区的大学生更注重获得高学历和文化程度。发达地区大学生更多考虑经济收入因素,欠发达地区大学生更多考虑经济效益和个人价值实现。发达地区大学生更倾向于难度大、挑战高的职业。

二、当代大学生职业价值观的影响因素

当今大学生就业价值观表现出的功利化、短期化、社会感淡薄化、择业高期待,与以下几点因素是密不可分的。

(一)学习教育的原因

随着高校招生数量和规模的迅速扩张,高等教育已由传统的精英教育逐步过度为大众教育。很多大学生们没有改变传统的职业价值观,仍然在择业时抱有高期望。但是现实是经过激烈的竞争后,只有少部分人可以脱颖而出进入"精英"岗位,大部分的人不得不停留在"非精英"岗位。

(二)市场经济的发展和就业政策不完善

社会格局的变化,也使大学生们的价值观念日趋多元化。

(三)社会多元化思想意识及文化的原因

社会风气的影响、传统文化与现代文化交融与碰撞、外来文化与中国传统文化的撞击,都引发了大学生们在择业时价值取向的错位。

（四）家庭原因

家长的教育理念及教育行为、父母的期望及其职业定位、父母与子女关系及家庭结构等原因。

（五）学校原因

学校课程内容、德育内容及就业指导体系的影响。

（六）个人原因

学生专业知识及职业技术能力、个人价值取向和职业认知水平、职业心理适应和社会交往能力等原因的影响。

三、大学生职业价值观的引导路径探析

第一，发挥社会保障的作用，提供政策支持。媒体舆论监督，宣传就业政策；培养创业意识，扶持自主创业。

第二，发挥高校的主阵地作用。发挥校园文化的熏陶作用；发挥心理健康教育的引导作用；树立正确的择业竞争观和职业地位观；引导大学生正确认识和评价自我，正确进行心理调节，提高抗挫折能力；建立完善的心理咨询机制，为大学生提供就业指导。

第三，转变当代家庭教育观念。家长应该持合理的期望，转变教育理念，营造良好的家庭环境。

第四，加强学生职业综合素质。树立明确的职业理想、确定科学的职业规划、构建合理的知识结构。

第三节　女大学生的职业价值观

案例导入

每每和村里的乡亲提到小金，小金父母的脸上都写满了骄傲，对于这么一个在农村靠天吃饭的家庭，能够培养这么一个大学生已然是非常不容易的事情。小金也争气，从小学到大学都一直没有让父母操过什么心。她也一直是村里人们眼中"别人家的孩子"，不仅

聪明,而且出落得亭亭玉立。家里几个孩子,父母也是格外疼爱小金。想起小金这么懂事又出色,父母的心中充满了希望,干起农活来也特别起劲……

大三开始,在小金身上起了变化,首先是小金打扮得越来越……有点说不上来,反正就是有点过于妖艳。还有就是经济上一下上了不止一个档次,出手也越来越阔绰,买包,买鞋,买化妆品,各种聚会……对于一个还未毕业的大学生来说,这一出手就是几百上千着实是有点让人感到奇怪。

纸终究是包不住火的。小金的父母隐隐约约大致了解到,原来女儿和一位大她20多岁的一位已婚商人交往非常密切且暧昧。虽然小金的父母并没有读过几天书,但是她也知道自己的女儿"犯错误"了。他们为女儿的行为感到非常大的耻辱,甚至一度要和女儿断绝关系……

学习目标

了解当代女大学生的职业价值观现状

重点难点

分析当代女大学生的职业价值观教育原则

一、当前女大学生职业价值观的现状

女大学生作为大学生的一部分,其职业价值观和当前大学生的职业价值观有很多共性的部分,与此同时,受心理、生理因素、传统观念的影响,女大学生的职业价值观又有自身的特色,主要表现在:女大学生的职业创新低,社会角色扮演的参与性、责任意识相对较弱;其家庭角色、生理等因素直接影响女大学生参与社会实践的深度和广度;女大学生的家庭责任意识较重等。

二、当前女大学生职业价值观的特点

(一)功利性与务实性

现实中,很多女大学生大一一入学就会考虑转专业、考证等活动,临近毕业时,比男大学生更热衷于考研、考公务员等考试。职业认同上,很多女大学生认同"钓个金龟婿""干得好不如嫁得好""嫁入豪门"等职业价值观。这些都折射出功利性的色彩。

当前就业形势较为严峻,女大学生们会从现实出发正确地定位自己,寻找合适的职业发展目标,至少从"首次就业期望薪金"中可以看出了女大学生们对自己有较为实际的评估。

(二)矛盾性与依赖性

有的女大学生在生活上追求自我奋斗、自我教育、自我发展的务实理念,但是在行动上却贪图安逸享乐,缺乏奋斗动力,期待不劳而获,坐享其成。依赖性主要与独生子女相关,很多女大学生从小家境优越,生活中父母包办代替较多,因此,依赖性严重。

(三)被动性和从众性

不少女大学生在求职过程中受到了不同程度的性别歧视。用人单位在招聘时会更倾向于选择男性,因为女性由于生理特征的影响,如生育时的带薪休假,养育子女时所消耗的体力精力等,这些都会无形中加大用人单位的运营成本。而且二胎政策的开放,使用人单位在考虑选择女性职工来说,会进行更加严格的考量。因此女大学生求职时会更加被动。就这点来说,私人企业会比体制内单位考虑得更为全面。

从众心理表现为追热门、随大流,有的公务员职位中,甚至高达几千名考生竞争一个岗位。理性的从众有利于女大学生职业价值观的优化,但盲目从众会使女大学生在择业中迷失。

(四)主导性与多元性

社会主流价值观通过家庭教育和学校教育的灌输对女大学生影响重大,使其形成包括职业价值观在内的个体价值观体系。绝大多数的女大学生都认同我国的就业政策导向,并表示能够积极引导她们的职业选择。

此外,女大学生的个体意识不断觉醒,她们也不再盲目、无条件服从。在职业选择上,越来越具个体性和多样性,呈现多元化发展。

三、当代女大学生职业价值观存在的问题成因

(一)社会经济转型带来的价值偏差

有的女大学生在树立职业目标时更看重经济利益和短期效益,过分强调自我、追求个

人利益、拜金主义、贪图享乐等不良风气等。

（二）部分落后传统观念的影响

当前存在"无私吃亏论""有钱能使鬼推磨"等消极思想使女大学生片面强调自身利益，忽视社会价值，在择业中只顾眼前、不顾长远，只顾局部、不顾全局，只顾自己、不顾他人。

（三）高校有关教育效果不佳

首先，当前部分高校德育相对刻板、脱离社会实践，学校不重视德育课程；其次，高校自身定位不准确，职业价值观教育错位；最后，高校缺乏专业系统的女大学生就业指导系统。

（四）家庭环境教育的失败

家长在女大学生成长过程中的教育投资、对其社会角色和家庭角色定位的期待、在对其性格习惯等多方面的培养都会对其职业价值观产生影响。

（五）同辈群体潜移默化的影响

女大学生群体内部的非制度化行为规范对其成员的控制属于非正式性，随意性较强。当前女大学生社会经验少、阅历不足、思想极易脱离实际、易受暗示，同辈群体中的盲目攀比、跟风等现象会对女大学生职业价值观的正确形成产生消极影响。

（六）女大学生个体身心发展不平衡

当前在校女大学生年龄大多在18～23岁之间，正处于青春中前期。此时其生理发展接近成熟，心理趋于成熟但尚未完全成熟，呈现出身心不平衡，严重影响正确职业价值观的形成。

四、当前女大学生职业价值观教育的原则

（一）以人为本

在教育过程中，要始终坚持以人为本的原则，重点突出以"女"为本，帮助大学生协调好社会角色和家庭角色的关系。

（二）理论与实践相结合

在理论的基础上，结合女大学生就业的实际情况进行正确引导，提高其职业理想、职业道德观念、就业动机、就业心理以及职业规划意识等方面。

（三）情感性原则

在教育过程中，既要以理服人，更要以情动人，最大限度地激发每一位女大学生对职业的感情和就业的激情，与其进行共情，从而实现说服人、激励人的效果。

（四）差异性原则

尊重性别差异，对女大学生进行有针对性的职业价值观教育。首先，要尊重差异性，认清差异性。其次，为女大学生开设女性课程，对其职业价值观进行正确引导。

第四节 职业价值观的测量与探索

案例导入

杯子与水的哲学

有一次，我们几个分别了多年的同学相约去拜访大学的老师。老师很高兴，问我们生活得怎么样？

不料，一句话就引出了大家的满腹牢骚，大家纷纷诉说着生活的不如意：工作压力大呀，生活烦恼多呀，做生意的商战失利呀，当官的仕途受阻啊……仿佛大家都成了时代的弃儿。

老师笑而不语，从厨房拿出了一大堆杯子，搁在茶几上。这些杯子各式各样形态各异，有瓷器的，有玻璃的，有塑料的，有的杯子看起来豪华而高贵，有的则显得普通而简陋……

老师说：大家都是我的学生，我就不把你们当客人看了，你们要是渴了，就自己倒水喝吧。

七嘴八舌，大家说得口干舌燥了，便纷纷拿了自己看中的杯子倒水喝。等我们手里都端了一杯水时,老师又发言了。他指着茶几上剩下的杯子说:"你们有没有发现,你们手里的杯子是最好看、最别致的杯子,而像这些塑料杯没有人选中它。"当然,我们并不觉得奇怪,谁都希望自己拿着的是一只好看的杯子。

老师说:"这就是你们烦恼的根源了,大家需要的是水,而不是杯子,但我们有意无意地会去选择漂亮的杯子。"

这就如我们的生活,如果生活是水的话,那么,金钱、工作、地位,这些东西就是杯子,它们只是我们盛起生活之水的工具。

其实,杯子的好坏,并不影响水的品质。如果将心思花在杯子上,大家哪还有心情去品尝水的苦甜,这不就是自寻烦恼吗?

学习目标

了解当代大学生的职业价值观现状

重点难点

分析当代大学生的职业价值观成因

一、职业价值观的测量方法

职业价值观的测量多采用的是问卷的方法。国外采用的主要是成对比较法、汇集测验法以及等级测评法等问卷法,国内采用的也多为问卷法。如宁维卫根据 Super 的理论修订出了适用于中国人的"职业价值观量表",并且将其用于测量中国城市青年的职业价值观。凌文辁将自己编制的"Holland 式中国职业兴趣量表"用于测量中国大学生的职业价值观。这两个量表在国内的使用率较高。但是仅使用问卷来测量是存在着弊端的。因为问卷常常无法获得全面的信息,并且测量时易受被试者态度影响而产生社会期望效应。于是人们会采用和其他方法相结合进行测量,如句子完成法、访谈法、作品分析法、模糊教学的多级估量法、SSA(smallest space analysis)等间接测量法。例如于海波、张大均等人(2001)使用句子完成测验法来研究高师生的职业价值观,编制了五个条件假设句,采用"如果……那么……"的形式为被试创设一些假设的情境,从而在侧面了解其价值观。问卷法和间接测量法的结合,以便于更立体、更全面地了解和探索某人的职业价值观。

二、自我认知—职业价值观探索

认识到价值观对个人职业选择和发展所起到的激励、影响作用,在职业规划中能重视对个人价值观的澄清,愿意在今后的生活中不断反思;能够澄清并真正"拥有"自己的价值观;体会到他人的价值观对自己可能造成的影响;培养对工作的健康合理的价值观,能够考虑长远的人生目标,追求有意义的人生。

三、活动

(一)重要价值观列表

关系/归属感、团队合作,物质保障/高收入,稳定,安全,创造性,多样性和变化性、新鲜感,乐趣,自由独立(时间,工作任务),平等,被认可,受尊重,能帮助他人,能发挥自己的才能,成就感,成功,名誉,地位,有意义,自主独立,有学习/发展/成长的机会,权力(领导/影响他人),有益于社会,挑战性,冒险性,竞争,符合自己的道德观,工作环境、工作地点,工作与生活的平衡,健康,家庭,朋友,亲情,亲密关系,爱,信仰,自由,幸福,为社会服务,和谐,平等……

(二)价值观市场

参照以上列表,挑选出其中五条对你来说最重要的价值观,分别写在五张小纸条上。

在另外一张白纸上给每条对你来说很重要的价值观下定义,即:要达到什么样的水平你才能满意?

现在,如果你不得不放弃其中的一条,你会放弃哪一条? 将你准备放弃的这一条与其他同学交换。

现在,如果你不得不继续放弃剩下的四条中的一条,你会放弃哪一条? 再次与其他同学交换。(保留刚才别人给你的,放在一边)

继续下去,直到最后一条,这是否是你无论如何也不愿放弃的?

(三)讨论

通过这个活动,你对自己的价值观有些什么样的了解?

你的价值观会对你的职业选择和人生产生什么样的影响？

其他人的价值观会对你的生活造成什么样的影响？

四、价值观澄清七步骤

为什么要考虑价值观？因为价值观在人们的职业生涯发展中起到极其重要的、决定方向性的作用，甚至超过了兴趣和性格对我们的影响。当我们有矛盾冲突或妥协与放弃时，常常也是出于价值的考虑。

价值观可以发生变化。个人由于所处的生涯发展阶段、社会环境的不同，他的需求会发生改变，从而可能导致价值观的变化。当今多元社会中多种价值观的冲击也会导致原有价值观体系的混乱乃至改变。因此，价值观需要不断地审视和澄清。

美国教育家罗伊斯·拉斯(Louis Raths)提出了价值观"三步七标准"

1.选择

(1)自由选择；

(2)从不同的途径中选择；

(3)经过考虑后选择。

2.珍视

(1)重视和珍惜自己的选择；

(2)公开表示自己的选择。

3.行动

(1)根据自己的选择采取行动；

(2)重复实施。

具体来说，即：

1.选择

在选择一个职位之前你是否会考虑其他可能的选择？

在选择一个职位之前你是否会考察一个职位带来的结果？

你是否会独立于外界的压力选择一个职位，保持感受，思考和行动的一致？

2.珍视

你对一个职业有强烈的感觉并珍惜它吗?

你会在公共场合提到这个珍视的职位,必要的时候会很确定地肯定它吗?

3.行动

你会用行动来支持你的感受和信念吗?

你是否始终如一地根据你的感受和信念来行动?

活动启示:

(1)你必须确定出对你最重要的价值观,否则你找工作将很混乱。

(2)生涯如战场,机会稍纵即逝,当你坚定地认准自己的目标,就紧紧锁住它,要学会抓住机会。

(3)价值观市场活动可以让我们更加了解自己主要的价值取向,懂得他人的价值观可能对自己造成的影响,并且懂得如何为实现主要的人生价值进行选择和放弃。

价值观澄清练习

姓名:＿＿＿＿＿＿＿ 专业:＿＿＿＿＿＿＿ 小组:＿＿＿＿＿＿＿

如果我有100万,我将( )。

我所听到的或看到的最好的主意是( )。

在这个世界上我唯一能改变的事情是( )。

在生活中我最想得到的是( )。

我最关心的是( )。

我最想得到的是( )。

我认为我父母希望我( )。

在我生命中最大的喜悦是( )。

最了解我的人认为我是( )。

我相信( )。

如果我只剩下24小时的生命,那我将( )。

我最喜欢的音乐类型是( )。

和我工作最好的人是( )。

我的工作继续能给我（　　　）。

我将给我的孩子的忠告是（　　　）。

最好的电视节目是（　　　）。

我悄悄地希望（　　　）。

在学校的时候，我在（　　　）的时候表现最为出色。

如果在一场大火中我只能救出一件东西，那么他将是（　　　）。

如果我能改变自身的一件事情，那它将是（　　　）。

第四章　生涯定向

第一节　认识自我

案例导入

　　高考报志愿时，好多人都劝王小星报会计专业，说是比较好找工作，而且看着小星这么独立又能干的样子，都觉得她是个做会计的好料。最为关键的还是她妈妈也是一个从业多年的老会计，以后工作遇到问题时，还有个师傅可以请教请教。

　　小星看到妈妈天天和数字打交道，工作很枯燥，而且眼睛也费力，她心里是有万分的不愿意。可是经不住家人的软磨硬泡，她还是报了会计专业，并且被录取了。

　　带着不情愿的心情，她进入了大学，浑浑噩噩地过了大学四年，并且毕业之后进入了这一行。有句话叫"男怕进错行，女怕嫁错郎"，实则女也怕进错行啊！工作后，小星先是做了一家公司的出纳，小星发现自己真不是一个心细如发的人，再加上本身就不喜欢这份工作，因此老出错。好在并没有酿成什么大错，但是导致公司多交税或少发工资，这也是非常令人难堪的事。虽然领导是妈妈多年的老朋友，对自己也是三番两次地宽容，但是领导无意中漏出地无奈的表情也是时不时在敲打着小星的心……

学习目标

　　学会认识自我

重点难点

　　性格、能力与职业的关系

一、学会认识自我

职业生涯从本质上说主要是明确"我是谁"、"我在哪儿"、"我能做什么"和"我该如何走"等问题,将自己每天所做和自身的愿望相连接,实现人生价值。其终究就是一个"认识自己"、"分析环境"、"合理选择"的过程。我国著名的人资专家罗双平把这三方面归纳为知己、知彼、抉择三要素。

其首要要素就是学会认识自我,即进行有效的自我评估与定位。自我分析的方法有很多,比较常用的是:SWOT 分析法,橱窗分析法,自我测试法,计算机测试法。大学生可以选择采用这些方法来全面了解自己,并以此为参照来规划自身的职业生涯。

人的心理是一个复杂、开放的系统。个体差异一般体现在两个方面:一是个性倾向性(包括:兴趣、价值观、需要、动机、信念、抱负等方面);二是个性心理特征(包括能力、人格等方面)。

二、性格与职业关系

常言道"性格决定命运"。企业招聘时常常先进行性格测试,性格合适的,再进行能力测试,可见对于企业而言,性格对于该岗位的适合程度对于企业用人是一个重要的考量。能力不足,可以进行培训及一定的岗前培训;但若性格不合适,要改变就没有那么容易了。

近年来,我国专家考虑国家实情,将职业性格大致分为以下几种基本类型。

1.变化型。该类性格的人群喜欢变化性的工作形式,在新的和惊喜性的活动或工作中获得愉悦感受,善于转移注意力。匹配职业:记者、演员、营销人员。

2.重复型。该类性格的人群喜欢不断重复的、有规律性的、有标准的工种。不断从事的是相同的工作,没有什么挑战性,按固定的计划办事。匹配职业:司机、印刷工等。

3.服从型。该类性格的人群不喜欢需独立做决策并独自承担责任的工作,愿意并且喜欢按别人的指示办事。匹配职业:翻译、办公室职员、秘书。

4.独立型。该类性格的人喜欢计划自己的活动和指导别人,自己决定自己的事情,在能够自由做决定、独立负责的工作获得愉快感受。匹配职业:律师、警察。

5.协作型。该类型的人喜欢同人协作,善于同人合作,并且想得到同伴的喜欢。匹配职业:社会工作者、咨询人员。

6.机智型。该类型的人在紧张和危险情境中不会容易慌乱,能够很好地冷静下来,沉着应对。匹配人员:驾驶员、飞行员、救生员。

7.自我表现型。该类型的人喜欢表现自己的爱好和个性,通过工作来表现思想。匹配人员:艺术家、诗人、画家、音乐家。

8.严谨型。该类型的人注重细节的精准,希望能够按照规划和步骤将工作做完美,对自己、对工作要求严格。匹配人员:会计、统计员、校对员、秘书、图书档案管理。

三、能力与职业关系

能力指的是一个人顺利完成某种活动的必要条件和心理特征的总和,只有当与人的活动联系在一起的时候,它才表现出来。影响能力的因素主要有生理因素、环境因素、活动因素与性格因素。根据能力内容的不同,可以将能力分为:空间判断能力、书写能力、语言能力、数理能力、觉察细节能力、组织管理能力、社会交往能力、运动协调能力和动手能力。对于任何一项工作、任何一种职业来说,都应该相应具备一些相匹配的能力。一般来说,一种职业并不会仅仅对应于一种单一的能力,而是几种能力的组合。表4-1呈现的是一些常见职业所需要的能力及其高低的组合。

表 4-1　常见职业所需能力及其高低组合

职业	一般学习能力	语言能力	运算能力	空间判断能力	形态知觉	书写能力	运动协调	手指灵活	手的灵巧
建筑师	强	强	强	强	较强	一般	一般	一般	一般
律师	强	强	一般	较弱	较弱	一般	较弱	较弱	较弱
医生	强	强	较强	较强	强	一般	较强	较强	较强
护士	较强	较强	一般	一般	一般	一般	一般	一般	一般
演员	较强	较强	较弱	一般	较弱	较弱	较强	较强	较弱
秘书	一般	一般	一般	较弱	一般	较强	一般	一般	一般
统计员	一般	一般	较强	较弱	一般	较强	一般	一般	较弱

续表

职业	一般学习能力	语言能力	运算能力	空间判断能力	形态知觉	书写能力	运动协调	手指灵活	手的灵巧
服务员	一般	一般	较弱	较弱	较弱	较弱	一般	较弱	一般
驾驶员	一般	一般	较弱	一般	一般	弱	一般	一般	一般
纺织工	较弱	较弱	较弱	较弱	一般	弱	一般	一般	一般
机床工	一般	较弱	较弱	一般	一般	较弱	一般	较弱	一般
裁缝	一般	一般	较弱	一般	一般	较弱	一般	较强	一般

第二节　生涯探索

案例导入

　　小清终于收到了心仪大学的录取通知书了！她带着对大学生活的憧憬从南方小城来到了上海这座城市，她内心既激动又有点紧张。她不知道大学生活是怎么样的，只是听邻居家的姐姐说起过，在脑子里有了点模模糊糊的印象。"六个人一个宿舍、舍友们都是来自不同的地方、经常没有课、考试60分万岁、自由时间非常多、饭菜可能会有点不习惯、可以熬夜追剧、没有大人的唠叨、老师不再追着你交作业"，这些可以从侧面看出一部分大学生的生活状态，但是这并不是全部……

　　从第一周的新老生见面会上，小清就从坐在台上的学长学姐们口中听到了和邻居家姐姐不一样的大学生活。"丰富多彩的社团活动、图书馆里排队占座的人们、考研大军、学校对大学生各方面的支持、大学期间创业的牛人学长、从大一一上台就会脸红的学姐到可以在大舞台上侃侃而谈的四年蜕变、四年宿舍的舍友情"，小清听了这么多"新鲜事"，就默默心里发誓，她也要好好过自己的四年大学生涯，以后也和台上的学长学姐们一样和以后的学弟学妹们分享自己眼中的大学生活。在新老生见面会后，学院还专门派了一个学姐给小清和宿舍的其他同学作为"导师"，学姐很热情地带他们参观了校园后告诉他们以后"有困难找学姐"。小清渐渐消除了心中的那份对大学生活的紧张和陌生，她似乎对未来也更加确定了……

大学新生职业生涯探索的步骤

大学新生职业生涯规划教育实施的内容

一、清晰的职业生涯目标的探索与确定

一个人成功的关键并不在于入了哪个行业，选择了什么职业，而是是否有明确清晰的职业生涯目标。目标是行为的很好的导向，有了目标就像小船航行在大海中有了航向，可以更大程度地避免绕许多弯路。同样的，有了确定的目标就会激发一个人的职业生涯行动。

大学生确定职业生涯目标的方法主要有目标分解法与组合法。

目标分解法是将目标清晰化、具体化，并且进行量化成为可操作的、有一定的层次性的方法。

目标分解示意图如图 4-1 所示。

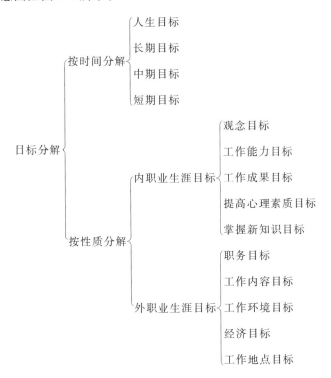

图 4-1　目标分解示意图

目标组合是根据目标之间的因果关系和互补性进行组合。示意图如图 4-2 所示。

目标组
- 时间组——并进连续
- 功能组——因果关系、互补关系
- 全方位组——职业生涯、家庭事务、个人事务

图 4-2   目标组合示意图

所谓的目标意识就是头脑中要有清晰的目标，并且在实施过程中，要坚定目标。一个目标实现，再继续坚持下一个目标，知道最后取得成功。大学生在确定职业生涯发展目标时，要符合自身特点与优势、符合社会需求，充分发挥个人优势，保证职业生涯的成功。

二、大学新生职业生涯规划教育

有句"玩笑话"盛行——毕业就等于失业，虽然这只是一句自我调侃的话，但是我们纵观国家大局，连续几年确实都是"最难就业年"。现如今，许多大专院校的扩招，上大学的门槛也越来越低。每年最盛产的莫过于"大学生"。一些应届毕业生为了缓解就业压力，在毕业前盲目地跟风选择考研。有的直接就业的大学生直到毕业了，仍然不知道什么工作适合自己，不知道自己的职业兴趣与职业目标是什么，因此在应聘中表现不佳、屡屡受挫。再者，有的大学生尽管已就业，但是跳槽好似家常便饭，一有不顺心之处就选择辞职，短短几个月就已经换了不下 20 份工作。更有甚者，因为心理准备和专业准备不过关，干脆在家里以打打游戏来逃避生活，做起了啃老族。造成这种种的社会现象的原因之一是针对大学新生的职业生涯规划教育薄弱。

归纳目前的大学生职业生涯规划教育现状主要是：重教育指导轻职业规划，侧重高年级学生而非新生。高校中的就业指导机构人少，但是学生数多。学校多会安排时间与师资给即将毕业的高年级学生进行就业指导，但是却忽视了对新入学的低年级学生的职业生涯规划教育。

三、大学新生职业生涯规划教育的意义

第一，有利于学生科学规划大学期间的学习与生活。如通过测评工具及面谈等方式

发现了某位学生的职业兴趣与目标是培训讲师,该学生就可以在大学期间的学习及生活中侧重培养一些可以锻炼其演讲能力、表演能力、组织能力、逻辑能力等能力的活动,可以有意识地去参加一些和这些能力有关的活动,为今后的职业发展做长期的积累与准备。

第二,有利于学生尽早地探索出自己的职业锚。职业锚是在不断探索之后才确定的唯一的一个长期的职业定位。但探索职业锚却需要花费很长时间。有研究表明,多数人都是在30~40岁之间才发现并确定,而有些人却一生都没有机会发现自己的职业锚。但假若一个人越早地开始关注职业生涯理论并结合自身实际进行思考、探索、规划,就越利于尽早发现自身的职业锚。从事职业锚工作有助于事半功倍。

第三,有利于促进大学生就业。在开学之初就已制定出了清晰的学习与生活目标,大学生在几年的大学生涯中会更加充实,并且收获更丰富。在毕业求职中也就更有自信、更有底气。

四、大学新生职业生涯规划教育的目标

第一,使大学新生客观了解自己,主要包括职业兴趣、职业性格、个性、价值观、能力、优缺点等。

第二,使大学新生更加详实地了解自己所学的专业,包括专业概况、专业特色与优势、就业现状与前景、专业课种类及开设时间等。

第三,引导学生自己制定职业生涯规划以及具体的学习与生活规划。

五、大学新生职业生涯规划教育实施的步骤

(一)名称:入学前教育

时间跨度:拿到录取通知书—开学报到。

目标:

(1)了解学校、学院、报考专业及就业现状;

(2)初步了解职业生涯规划相关理论;

(3)初步了解自己的性格、兴趣、能力、价值观等。

内容：

(1)随录取通知书一并寄出介绍学校、学院、报考专业及就业现状等等各方面内容的光盘,分享进行职业生涯规划课程自主培训与网上学习的资源,用人员测评软件与工具进行自主测评；

(2)学校指派高年级的学长学姐为新生们解答问题,可提供学长学姐们的联系方式。

主要责任人：

(1)学校招生办、就业指导中心、各学院学生工作部门；

(2)学生自己；

(3)学校职业规划社团。

(二)名称:入学教育

时间跨度:报到一正式上课。

目标：

(1)客观了解自己和所学专业,考虑是否要转专业,并了解转专业所需要的条件与可行性；

(2)初步拟定职业生涯宏观方向及相匹配的大学期间学习与生活规划。

内容：

(1)举办职业生涯讲座,介绍相关理论,讲解并指导新生正确使用各类工具与软件；

(2)举办优秀学长学姐交流见面会,向前辈"取经"；

(3)新生可以与指派的学长学姐密切交流提问。

主要责任人：

(1)就业指导中心、各学院学生工作部门、学长学姐们；

(2)学生自己；

(3)学校职业规划社团。

(三)名称:入学后教育

时间跨度:正式上课一第一学期结束。

目标：

(1)明确职业生涯宏观方向；

(2)拟定与职业生涯宏观方向相配套的大学阶段学习与生活规划,并付诸实施。

内容：

(1)举办新生与已毕业的优秀校友沟通会；

(2)新生自省。

主要责任人：

(1)就业指导中心、学长学姐们；

(2)新生自己；

(3)学校职业规划社团。

第三节　职业锚

案例导入

当快递送达时，若收件人在忙没空亲自收件是一件麻烦的事情。一方面不能及时收件，另一方面请别人收件也可能泄露隐私。再者，若要第二天再次送件，也为快递员的工作增加了不小的负担。福建师范大学教育技术专业的应向阳带领他的团队另辟蹊径，开发出了"友宝智能快递终端"系统，解决了快递"最后一公里"这一尴尬的问题。而在开发这一系统的过程中，他们并不是一帆风顺的。初期的方案被快递公司否决，虽然这给他们团队带来了不小的压力，但是白天他仍然继续去快递公司兼职，收集信息。晚上回来就和团队伙伴进行"头脑风暴"，在餐厅边吃饭边研究解决方案。最后他们成功了。而应向阳也因此入选福布斯2013年中国"30位30岁以下创业者"名单，成为福建唯一入榜的年轻创业者。

一夜间成为创造明星，这背后是应向阳这么多年对创业梦的坚持，同时也离不开在大学期间的各类探索与尝试。在学校期间，他通过参加挑战杯、全国大学生数学建模大赛等一系列的比赛，同时辅修财务管理和参加创业培训，锻炼自己在短期内做规划、做项目的能力，这些都为他以后创业做了一定的积累。

机会总是留给有准备的人。应向阳比绝大部分大学生更能清楚地对自己进行职业定位，并且对自身潜力进行挖掘。他在大学期间，甚至更早就开始思考关于职业、关于未来的问题,并不怕失败,勇于进行尝试。所以他成功了。

学习目标

　　掌握职业锚及其类型

重点难点

　　大学生职业锚的早期开发

一、职业锚及其类型

　　职业锚,又叫职业系留点。就是人们选择与发展自己的职业时,当不得不做出选择选出最重要的考虑因素时,可以放弃其他因素只剩下一个无论如何都不会放弃的那种至关重要的东西或价值观。职业锚这一名词中"锚"的含义,形象地描述了其作为人们选择和发展自己的职业时所围绕的中心。

　　施恩教授在 1978 年时提出了五种类型的职业锚之后,有大量的学者对职业锚进行了进一步研究,并在 20 世纪 90 年代将职业锚确定为八种类型:

　　(一)技术和职能型职业锚

　　拥有这种类型职业锚的人,追求不断提高自身在技术、职能领域的成长与技能的提高。他们对自己的认可来自于他们的专业水平,他们喜欢面对来自专业领域的挑战。

　　(二)管理能力型职业锚

　　拥有这种类型职业锚的人的最终目标是管理本身,而不仅仅是组织中的某一职能工作,具体的技术工作或职能工作仅仅是通向更高的、全面管理层的道路上的必经之路。

　　(三)自主和独立型职业锚

　　拥有这种类型职业锚的人主要考虑的是自身如何不受各种规章制度的限制,使自己在所选择的职业中能够自行决定工作时间、工作内容和工作强度。持这种定位的人宁可不被提拔,也要保持这种自主权。

　　(四)安全和稳定型职业锚

　　长期处于一种安全、稳定、整合良好的工作与家庭状态是这种定位的基本出发点。

(五)创造型职业锚

这种定位的人的主要目标是追求创新,包括克服某些困难、勇于冒险,持有这种职业定位的人追求的是按照自己的决策,坚韧不拔、百折不回地奋斗。

(六)服务型职业锚

这种定位的人一直追求他们认可的核心价值就是帮助他人、改善他人安全等。他们一直追寻这种机会,这也意味着即使变换公司,他们也不会接受不允许他们实现这种价值的变动或提升。

(七)挑战型职业锚

这类人喜欢看上去无法解决的问题、战胜强盛的对手、克服无法克服的困难等。在他们看来,工作就是允许他们去战胜各种不可能。他们需要新奇、变化和困难,如果事情非常容易,那么这件事对他们而言就丝毫没有吸引力。

(八)生活型职业锚

这类人希望将生活的各个主要方面整合为一个整体,喜欢平衡个人、家庭和职业三者需要的关系。因此,生活型的人需要的是一个能够提供"足够弹性"的工作环境来实现这一个目标。相对于具体的生活环境、工作内容,生活型的人更关注自己如何生活、在哪里居住、如何处理家庭事务等。

二、大学生职业锚的影响因素

在职业锚的选定过程中,个人起着决定性的作用,并且受到能力、动机、价值观的影响。

(一)能力

确定职业锚首先要考虑一个人能够做什么。因为社会上的任意一种职业都是有一定的能力要求的。例如,会计需要较强的计算能力,外科医生需要具备眼与手的协调能力,工程师需要空间判断能力等。对大学生来说,不能好高骛远,也不能妄自菲薄,在有自信的同时,要正确评估自身的能力,看自身能力与想从事的职业的匹配程度,从而发挥自身优势。

(二)动机与需求

能力说明是否能做,愿不愿意做则取决于动机和需求。需要产生动机,动机影响个体行为的发生。一个人为什么选择了此职业而不选彼职业,很大程度上是受就业动机支配的。就业心理的核心是就业动机的问题。而在职业的社会意义、经济报酬、地理位置、自身适应性和劳动强度等的影响下,大学生就业动机主要表现在以下几个方面:(1)专业对口的需求。在择业时大部分的学生会希望选择专业对口的职业,也是出于学以致用的心理需求。他们认为专业对口了,才更能得心应手地工作,在工作初期可以缩短工作适应期,并且在未来会有更大的发展潜力与空间。所以他们在工作初期宁愿选择工资待遇低、条件艰苦但专业对口的工作。

(2)谋求社会地位高的心理需求。从在中国人的传统眼光看来,各个职业有着不同的社会地位。而出于光宗耀祖的心理需要,大学生会更倾向于选择那些有实权、有声望、经济实力雄厚的单位。

(3)经济发达地区更具吸引力。经济发达地区的地理位置优越、资源丰富、就业机会多、劳动报酬高、就业市场较为规范、竞争更为公平,所以很多大学生将就业目标锁定在珠江三角洲、广州、深圳等经济发达地区。

(4)注重经济待遇。市场经济环境下成长起来的大学生对金钱问题很敏感。当即将毕业,面临自己挣钱,面对独立问题,很多学生很清楚地明白经济基础才能决定上层建筑。有了钱才能建立家庭,回报父母。

(5)渴望奉献,到需要的地方去。每到临近毕业,都有一部分大学生申请去支边,到西部去,到艰苦的环境中去工作。有的大学生即使在面临确定获得了一次优渥的就业机会,仍然义无反顾地去基层建功立业。这部分大学生的就业动机心理是报效祖国,奉献社会。这也充分展现了新时代学子们的精神面貌。

(三)价值观

这是大学生在进行职业选择时最直接、最有影响力的准则。一般职业价值包括五个方面:个人对自己所从事职业的认同和自尊、个人对职业的社会价值的肯定、个人在职业中得到成长并享受职业带来的成就感和满足感、良好的人际关系和人脉资源。要了解哪些对自己来说是最重要的,哪些是其次。

(四)兴趣爱好

兴趣是一个人力求认识、掌握某种事物,并经常参与该活动的心理倾向。俗话说,"兴趣是最好的老师"。人们若对某种职业感兴趣,在从事该职业的时候会表现出一种肯定的态度,并且在潜意识中更为接纳它。那么对该职业的积极性就会越大,更加努力进取,事业更易成功。反之,若自身没有兴趣,在从事该职业时或更加被动与消极,这就会大大降低了工作的效率,带来负面影响。一般说来,兴趣爱好广泛,选择职业的自由度大,就更能够适应各种不同的岗位。广泛的兴趣可以加大接触各种职业岗位的可能性,从而为做出选择提供更多的选择。

(五)职业性向

传统观点认为,一个人的个性会影响到职业的适宜度。当个性与所从事的职业相适宜时,其才能会获得更大的发挥。研究表明人有六类性向,分别是实际性性向、调研性性向、艺术性性向、企业性性向、社会性性向。

三、大学生职业锚的早期开发

在初步了解学生的职业锚的类型上,我们应该有针对性地对不同职业锚类型的学生进行分类指导。

(一)技术或功能型职业锚的人

教师在指导这类的大学生时应该将重点放在课业指导、专业技术技能的指导上,因为他们想获得的是技术的进步与提升。可以提供各种机会如课堂讨论、学术沙龙、讲座等,鼓励学生参与科研训练项目、社会实践等方法帮助他们提升专业领域的知识和技能,使他们在专业的广度和深度进一步提升,为未来的职业发展打下坚实基础。

(二)管理型职业锚的人

对于这种类型的学生,重点应培养他们三方面的能力:

一是分析能力,即在信息不完全或不确定的情况下发现问题、分析问题和解决问题的能力;

二是人际沟通能力,即不论与上司还是下属,与同学还是老师都能够进行有效沟通;

三是情感能力,即在高压下不会不知所措,在遇到负性事件时拥有良好的调节自我的能力,在情感和人际危机面前只会受到激励而不会受其困扰和削弱的能力。

一方面可以创造机会让这类学生担任各类学生干部,在实践中提升他们处理解决问题的能力;另一方面可以通过指导学生阅读管理类的书籍、观看管理类的讲座、选择管理类的选修课程等途径来提升学生的领导水平。

(三)创造型职业锚类型的人

老师可以鼓励学生进行自主创造,例如大学生创业,创设或建立某种完全属于他们自己的东西。通过途径培养学生扎实的理论功底,独立思考、勇于创造的科学精神。塑造积极探索未知,不怕潜在的危险,坦然面对逆境的良好素质。学生可以积极申报学生科研项目,参与教师科研与校园创业计划,提高创新能力。此外,教师要对此锚的学生多鼓励、多支持,积极培养他们的探索精神和创造能力。

(四)自主与独立型职业锚的人

对这种类型的学生,一是要培养他们独立思考的习惯;二是让其学会时间管理,提高筹划能力;三是增强自理与自控能力。自由是相对的,不可能百分之百不受拘束,因此,在校期间教师还要指导他们把握自由的"度"。

(五)安全型职业锚的人

对于这类学生,重点要培养他们自己的优势,或是管理上的,或是社交方面的,这样才能更好地维持稳定状态。另外,要加强这类学生的风险意识教育、心理素质教育。让他们明白静态是相对的,动态才是绝对的。在心理上保持知足常乐的同时,也要心存一定的忧患意识,不断进取,才能在竞争激烈的社会中处于相对安全稳定的状态中。

(六)服务型职业锚的人

这类大学生以服务他人、实现自我的价值为己任。对于这类学生应该更为全面地提高其各个方面的能力,使其在内心获得宁静的同时能够更好地帮助到更多需要的人。

(七)挑战型职业锚的人

在培养这类学生为各类挑战做准备,提升各方面的能力的同时,要加强其风险意识,更加全面深刻地了解到社会上挑战后很多失败的例子,使其在思想上提高警惕,以利于其在以后的行为上更为成熟与考虑全面、深远,增加社会责任感。

（八）生活型职业锚

对待这类大学生,更应该培养其整合的能力,学会明晰内心对个人、家庭、事业三者的排列,学会正确处理三者关系。

就个体而言,早期形成的职业锚为他将来的职业生涯发展确定了方向,对其才能的发挥和人生成功有着决定性的影响。因此,高校要指导大学生尽早认定各自的职业锚,并进行早期开发,以利于他们合理就业,为祖国建设做贡献。

第四节 女大学生构建职业锚

案例导入

镜头一:在如今的公务员报考大军中,出现了越来越多曾经拿着高薪的白领。小芸就是其中一员,曾经就职于一家世界 500 强企业,拿着税后 20 多万的年薪。可是今年,她毅然决然地辞去了外企工作,全身心地开始准备这场公务员考试,她报考的是离家乡半个小时车程的一个三线城市的公务员。若她没有辞去外企工作,年后等她领导一退休,她将极有可能成为该外企最年轻的二层领导,实现升职加薪的梦想。但是她仍然选择了放弃高薪报考公务员,是因为在外企"工作忙起来连孩子生病都照顾不了",公务员相对来说更加稳定。

镜头二:同样是在外企的新慧却是不久前刚刚离开体制内的工作,选择了到外企工作。在辞职前她的内心充满了挣扎与不确定。家境较为优越的她,并不需要为了钱发愁。家人也不断地告诫她:"女孩子有份稳定的工作就行了,不要把自己搞得那么累。何况当初考公务员还不是拼了个你死我活才最后获得了这份工作。得到了就应该要好好珍惜。虽然你现在才 23,但是,女孩子要以家庭为重,马上要结婚生子,你就可以体会到这份工作的好处了。"虽然新慧也知道父母是心疼女儿吃苦,所以才不断唠叨,但是从小养成的独立的个性让她最后还是选择了辞职进入外企。她说:"在机关工作,虽然清闲,偶尔闲起来就是一天泡泡茶、看看报,但是这种状态突然让我产生了莫名的恐惧,我甚至可以看到自己十年后的样子。这样的生活不是我想要的,我觉得毫无意义。我希望的是那种有挑战性、可以带来成就感的工作。我不后悔我的选择。虽然未来有很多不确定,但是至少可以肯定一点,我现在是快乐的。而以前的机关工作于我来说,毫无快乐可言。"

学习目标

女大学生学会正确构建职业锚

重点难点

女大学生构建职业锚的注意事项

一、女大学生的就业现状及其就业观存在的问题

随着我国高等教育的大规模扩招,大学生就业问题日益突出。相较于男大学生,女大学生的就业率明显低于男大学生,就业前景不容乐观。问题主要有以下方面:

1.就业的期望值过高,思想较为功利。很多女大学生对自身的定位不清晰,更多地考虑工作环境好、待遇好、工作稳定、劳动强度不高和企业知名度等因素。

2.家庭情结重,重家庭轻事业。当代女大学生即使受过高等教育,仍有相当一部分受到传统思维与电视剧等的影响,仍然坚信"干得好不如嫁得好"。当事业与家庭发生了冲突时,很多女孩子仍然会为了家庭放弃事业,或者因为留恋父母的情结使就业地域受到限制。

3.思安求稳思想牢固,依赖性强。很多女生在选择职业时仍将"体制内"工作作为不二之选。一些女生在择业时的依赖性较强,过多依靠父母、亲戚、朋友托关系找工作。

对于女性来说,尽早地确定自己的职业锚在职业生涯发展中有着尤为重要的意义。

二、职业锚对女性职业生涯发展的作用

(1)构建职业锚反映了女性的职业追求与抱负。

(2)构建职业锚有利于女性职业发展通道的开发。

(3)职业锚是员工通过工作经验后积累后产生的,女性职业锚的寻找与确定的过程,也是女性发现优势、肯定自己的过程。构建职业锚有利于女性增长工作经验,增强女性的

自信心,提高劳动效益。

（4）构建职业锚为女性后期职业发展奠定基础。

三、影响女性构建职业锚的因素

除了一般情况下影响职业锚的因素——知识与技能、动机和需求、优势和劣势之外,影响女性构建职业锚中有一点比较特殊的是家庭生命周期。在传统的家庭生活中,职业女性在确定职业锚时不得不考虑职业是否会影响家庭、子女。因此现代职业女性经常需要在家庭和事业之间进行取舍,以及更多地考虑时间分配的问题。女性的职业锚不仅仅是其自身的职业定位,也是对家庭子女的一个规划。

四、女性构建职业锚的建议

（一）认识自我,准确定位

女性在充分考量了自身性格、兴趣、知识、能力、专业素养、优劣势和周围的职业环境后,找到自身与环境的最佳结合点。不断丰富阅历,加深经验,在自己喜欢和擅长的领域实现职业理想。

（二）持续学习,保持竞争力

知识和技术的更新速度越来越快,职业女性不能满足已有的知识储备,应该时刻掌握时代的动态,不做坐井观天的井底之蛙,应该不断地进行充电,学习新的思想和内容,以满足岗位的要求,保持竞争力。

（三）发挥特色,成就发展

大部分的女性和男性有很多性别角色的差异,女性的特质有:敏感、细腻、耐心、关爱、灵活、谦和等,还有一种说法说女性有"第六感"也屡屡得到验证。这些特质若能用于职场,也不免是女性员工的一大加分项。例如,有的女性能很敏锐地觉察到对方的情绪波动,并且凭借其女性的柔和进行有效沟通,说不定在关键时刻可以起到润滑剂的作用,让女员工的单位给客户留下好印象,促成了友好的合作。

(四)处理好事业与家庭的关系

事业和家庭二者的问题对于很多女性是鱼和熊掌的关系。研究数据表明,为了事业和家庭二者"和平共处",女性应该在不同的阶段有不同的侧重。刚进入职场的女性应该以事业为重,30岁左右开始侧重家庭,35岁家庭事业齐头并进。若女性30岁之前完成了生育,其对职业的影响较小,因为30岁之前生育最有利于恢复,不论是体能还是情绪。不仅如此,还可以在生育后在工作上投入更多精力和时间,争取事业成功。

第五节　职业锚测量

案例导入

　　小谢在开学初选修了一门职业生涯规划的课程,在课上听到老师提到了一个新词汇"职业锚",他对此很感兴趣。什么是职业锚?职业锚和职业生涯规划有什么关系?职业锚是如何测量的?他的职业锚是什么?带着一连串的疑问,他决定去图书馆查查相关资料。在查阅了大量的文献之后,他积极与选修课老师进行交流,这使他受益匪浅。

学习目标

　　学会职业定位问卷的测量方法

重点难点

　　正确计算并解释测量结果

一、职业锚的测量

　　准确地把握个体的职业锚类型是开展职业生涯规划的前提。职业锚的测量是指用一定的手段准确地判断个体职业锚的类型。测量工具主要包括以下几种:

　　施恩职业锚自我分析表。这是一套列举了10道开放式问题的试卷,被试对表中所有的问题进行回答,测试者主要根据被测者职业变化过程中的主过渡点和下一个职业的意向来决定被试的职业锚类型。有研究表明该分析表的内部一致性信度、结构效度比较低。

（一）施恩职业锚量表

它是使用最广泛的用于测量职业锚类型的量化工具之一。此表共有 8 个分量表。每个分量表有 5 道题，是一个 6 点量表，要求被试对题目所述情况的真实性进行回答，得分最高的分量表所指的职业锚类型就是该被试的职业锚类型。

（二）在施恩基础上修改的职业锚测量表缩减版

该量表将安全型职业锚分为地理安全和工作安全，共有九个分量表，25 个题，是一个 5 级评分量表，将被试对每一个因素的反应分数进行平均，得出九个职业定向分数。该职业锚测量表信效度较高。

（三）Derr(1986)职业成功图

它实际上也是一种测量职业锚类型的量表，其特点是考虑了欧洲文化的因素，因此只适合欧洲人群。另外问卷所述的语言比较模糊，例如"我喜欢处于权力中心"等。因此，该量表使用不广泛。

二、职业定位问卷

这份问卷的目的在于帮助你思索自己的能力、动机和价值观。仅仅依靠这个测试，可能无法真实反映你的职业锚。你需要进行积极的思考，并做好准备与职业探索拍档进行相关的讨论。

请尽可能真实并迅速地回答下列问题。除非你非常明确，否则不要做出极端的选择，例如："从不"或者"总是"。

下面给出了 40 个问题，根据你的实际情况，从"1～6"中选择一个数字。数字越大，表示这种描述越符合你的实际情况。例如，"我梦想成为公司的总裁"，你可以做出如下的选择：

选"1"代表这种描述完全不符合你的想法；

选"2"或"3"代表你偶尔（或者有时）这么想；

选"4"或"5"代表你经常（或者频繁）这么想；

选"6"代表这种描述完全符合你的日常想法。

现在,开始回答问题。

职业定位问卷

确定最符合你自身情况的选项,并将该选项填写在每道题右边的括号里。

1.从不 2.偶尔 3.有时 4.经常 5.频繁 6.总是

01.我希望做我擅长的工作,这样我的内行建议可以不断被采纳。(　　　)

02.当我整合并管理其他人的工作时,我非常有成就感。(　　　)

03.我希望我的工作能让我用自己的方式,按自己的计划去开展。(　　　)

04.对我而言,安定与稳定比自由和自主更重要。(　　　)

05.我一直在寻找可以让我创立自己事业(公司)的创意(点子)。(　　　)

06.我认为只有对社会做出真正贡献的职业才算是成功的职业。(　　　)

07.在工作中,我希望去解决那些有挑战性的问题,并且胜出。(　　　)

08.我宁愿离开公司,也不愿意从事需要个人和家庭做出一定牺牲的工作。(　　　)

09.将我的技术和专业水平发展到一个更具有竞争力的层次是成功职业的必要条件。(　　　)

10.我希望能够管理一个大的公司(组织),我的决策将会影响许多人。(　　　)

11.如果职业允许自由地决定自己的工作内容,计划,过程时,我会非常满意。(　　　)

12.如果工作的结果使我丧失了自己在组织中的安全稳定感,我宁愿离开这个工作岗位。(　　　)

13.对我而言,创办自己的公司比在其他公司争取一个高的管理位置更有意义。(　　　)

14.我的职业满足来自于我可以用自己的才能去为他人提供服务。(　　　)

15.我认为职业的成就感来自于克服自己面临的非常有挑战性的困难。(　　　)

16.我希望我的职业能够兼顾个人、家庭和工作的需要。(　　　)

17.对我而言,在我喜欢的专业领域内当资深专家比当总经理更具有吸引力。(　　　)

18.只有在我成为公司的总经理后,我才认为我的职业人生是成功的。(　　　)

19.成功的职业应该允许我有完全的自主与自由。(　　　)

20.我愿意在能给我安全感、稳定感的公司中工作。（　　　）

21.当通过自己的努力或想法完成工作时,我的工作成就感最强。（　　　）

22.对我而言,利用自己的才能使这个世界变得更适合生活或居住,比争取一个高的管理职位更重要。（　　　）

23.当我解决了看上去不可能解决的问题,或者在必输无疑的竞赛中胜出,我会非常有成就感。（　　　）

24.我认为只有很好地平衡了个人、家庭、职业三者的关系,生活才能算是成功的。（　　　）

25.我宁愿离开公司,也不愿频繁接受那些不属于我专业领域的工作。（　　　）

26.对我而言,做一个全面管理者比在我喜欢的专业领域内当资深专家更有吸引力。（　　　）

27.对我而言,用我自己的方式不受约束地完成工作,比安全、稳定更加重要。（　　　）

28.只有当我的收入和工作有保障时,我才会对工作感到满意。（　　　）

29.在我的职业生涯中,如果我能成功地创造或实现完全属于自己的产品或点子,我会感到非常成功。（　　　）

30.我希望从事对人类和社会真正有贡献的工作。（　　　）

31.我希望工作中有很多的机会,可以不断挑战我解决问题的能力（或竞争力）。（　　　）

32.能很好地平衡个人生活和工作,比达到一个高的管理职位更重要。（　　　）

33.如果在工作中能经常用到我特别的技巧和才能,我会感到特别满意。（　　　）

34.我宁愿离开公司,也不愿意接受让我离开全面管理的工作。（　　　）

35.我宁愿离开公司,也不愿意接受约束我自由和自主控制权的工作。（　　　）

36.我希望有一份让我有安全感和稳定感的工作。（　　　）

37.我梦想着创建属于自己的事业。（　　　）

38.如果工作限制了我为他人提供帮助或服务,我宁愿离开公司。（　　　）

39.去解决那些几乎无法解决的难题,比获得一个高的管理职位更有意义。（　　　）

40.我一直在寻找一份能最小化个人和家庭之间冲突的工作。（　　　）

现在重新看一下你给分较高的描述,从中挑选出与你的日常想法最为吻合的三个,在原来评分的基础上,将这三个题目的得分再各加上 4 分(例如:原来得分为 5,则调整后的得分为 9)。然后就可以开始评分了。

三、计分方法

将每一题的分数填入下面的空白表格(计分表)中,然后按照"列"进行分数累加得到一个总分,将每列的总分除以五得到每列的平均分,填入表格。记住:在计算平均分和总分前,不要忘记将最符合你日常想法的三项,额外加上四分。

计分表

下面是用来记录问卷分数的计分表,将每题的分数填入计分表,不要忘记将最符合你的三项加上额外的四分。按"列"计算总分,然后将总分除以五,得到平均分,分别填入空白表格中的相应区域。

最终的平均分就是你的自我评价结果,最高分所在列代表最符合你"真实自我"的职业锚。

TF(技术型)1 _____   9 _____   17 _____   25 _____   33 _____

　　　　　总分:_____   ÷5   平均分:_____

GM(管理型)2 _____   10 _____   18 _____   26 _____   34 _____

　　　　　总分:_____   ÷5   平均分:_____

AU(自主型)3 _____   11 _____   19 _____   27 _____   35 _____

　　　　　总分:_____   ÷5   平均分:_____

SE(安全型)4 _____   12 _____   20 _____   28 _____   36 _____

　　　　　总分:_____   ÷5   平均分:_____

EC(创造型)5 _____   13 _____   21 _____   29 _____   37 _____

　　　　　总分:_____   ÷5   平均分:_____

SV(服务型)6 _____   14 _____   22 _____   30 _____   38 _____

　　　　　总分:_____   ÷5   平均分:_____

CH(挑战型)7 _____   15 _____   23 _____   31 _____   39 _____

　　　　　总分:_____   ÷5   平均分:_____

LS(生活型)8 _____   16 _____   24 _____   32 _____   40 _____

　　　　　总分:_____   ÷5   平均分:_____

第五章　生涯管理与决策

案例导入

许多年前,有一条报道:300 条鲸鱼突然死亡。这些鲸鱼在追逐沙丁鱼时,不知不觉被困在一个海湾里,结果是"这些小鱼把海上巨人引向了死亡。鲸鱼因为追逐小利而惨死,为了微不足道的目标而空耗了自己的巨大力量"。现实生活中,没有目标的人就像故事中的那些鲸鱼,即便他们有巨大的力量与潜能,但他们把精力放在小事情上,其结果必将可叹、可悲。说得明白一点,要发挥潜能,你必须全神贯注于自己有优势并且会有高回报的方面,要明确目标,不能因小失大。

亚里士多德曾说:"所有人都在寻找成功或幸福,获得真正成功的唯一方式是向社会展示自己。首先,要有一个明确、清晰、现实、完美的目标。其次,要有实现目标的必要手段——智慧、金钱、物质和方法。再次,针对目标调整你的手段。"

学习目标

学会设定生涯目标、生涯管理,认识生涯决策的方法

重点难点

认识生涯决策的阻碍,学习生涯决策方法

第一节　生涯目标

职业生涯没有目标不行,目标太多不行,目标总变也不行。对目标的处理方法是:选择、明确、分解、组合,加上时间坐标。目标分解是在现实处境与美好愿望的实现之间建立可拾级而上的阶梯。目标组合是找出不同目标之间互为因果、相互促进的内在联系。

一、生涯目标的意义

生涯目标,就是在生涯领域一个人通过努力想要实现的愿望。人的一生中,总会有意无意设立各种各样的目标。有一些目标是长期目标,如找到一份理想的工作,或者成为一名出色的企业家。有些是短期目标,如完成学期的功课,做好今天的事情。

小故事

罗斯福总统的夫人在本宁顿学院念书时,想要找一份兼职工作。其父为她约到了当时担任美国无线电公司董事长的萨尔洛夫将军。将军问她想要做什么工作,她像大部分年轻人那样回答说:"随便。""没有一类工作叫随便",将军提醒她,"成功的道路是铺出来的"。

哈佛大学有一个非常著名的关于目标影响人生的跟踪调查,调查对象是一群智力、学历、环境等条件都差不多的年轻人,调查结果如图 5-1 所示。

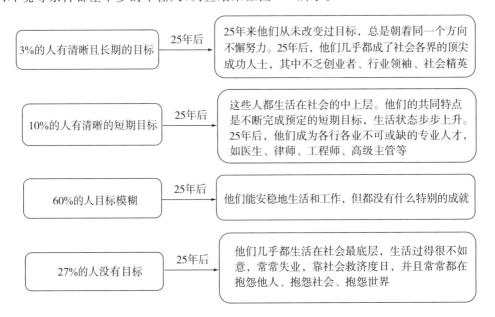

图 5-1　目标对人生的影响

由图 5-1 可见,个人事业的成败很大程度上取决于有无正确适当的目标。目标就是人生的指南针,只有确定了目标,才能朝着目标不断前进,才能做到持之以恒。因此,生涯目标对每个大学生的生涯发展来说都是至关重要的。

　　设定生涯目标的意义在于：

（1）目标产生积极心态；

（2）目标使我们看清使命、产生动力；

（3）目标使我们发现生存的意义和价值；

（4）目标使我们把重点从过程转到结果；

（5）目标有助于我们分清轻重缓急，把握重点；

（6）目标使我们集中精力，把握现在；

（7）目标能提高激情，有助于评估进展；

（8）目标使人自我完善、永不停步；

（9）目标产生信心、勇气和胆量；

（10）目标使你成为一个成功的人。

▌二、生涯目标的设定

　　美国学者戴维·坎贝尔曾经指出："目标之所以有用，是因为它能帮助我们从现在走向未来。"设立明确而切实可行的目标，既可以成为成功的驱动力，也可以使自己更容易掌握方向，明确应该做的事情。

　　确定合适的具有激励作用的目标是不容易的，一定要遵循"黄金法则"——SMART原则。其中，S指specific，具体的，明确的；M指measurable，可以量化的，能度量的；A指attainable & challenging，可达到但必须有一定挑战的；R指rewarding，目标需有一定意义，相关及有价值的；T指time-bounded，有明确时间限制。

　　（一）S(specific)：明确

　　目标要具体明确。所谓明确就是要用具体的语言清楚地说明要达到的目标。具有明确的目标几乎是所有成功人士的一致特点，很多人不成功的重要原因之一就是其目标设定模糊两可。

　　目标表达不要用含糊笼统的语言。许多毕业生的目标是毕业后直接就业，但"直接就业"不是目标，太抽象，无法达成。比如具体到在金融企业，在泉州地区就业，应聘某国企的2016年招聘岗位。要具体做到"7W"，也就是：who——谁参与，what——要做什么，where——在哪里工作，when——具体时间期限，which——确定必要条件和限制，

why——明确原因。how——如何实施。

(二)M(measurable):可量化的

目标尽量以一种能够用数字衡量的方式来表达,避免用宽泛、一般、模糊或抽象的形式。确定目标量化,就要在设定目标的时候明确,如何指导自己是否达到目标。

(三)A(attainable):可以实现的

就个人能力和特点而言,经过努力实现目标是有可能的,但又具有一定的难度。首先,设定的目标是可以实现的,不能太高或太低,太高无法实现,太低则没有意义。

(四)R(rewarding):有价值的

目标应该对自己和他人均无伤害性或破坏性,是对社会有价值的。设定的目标要有现实性,要和自己的实际情况相关联,是自己愿意做的,并且能够做好的。实现这个目标能给自己带来愉悦感、成就感。

(五)T(time-bounded):明确时间限制

所有的目标都应该在一定的时间内达成才有意义,不然,有目标等于没有目标。比如"我要年薪达到 20 万"就不是界定时限的目标,你可能在一年后达成,也有可能在 20 年后达成,而 20 年后"年薪 20 万"对你可能没有任何意义。"我要在 3 年后的今年,年薪达到 20 万",这才是一个有时间限定的目标。

三、目标的分解

小故事

山田本一的智慧

山田本一是日本著名的马拉松运动员。他曾在 1984 年和 1987 年的国际马拉松比赛中,两次夺得世界冠军。记者问他凭什么取得如此惊人的成绩,山田本一总是回答:"凭智慧战胜对手!"

原来他每次比赛之前,都要乘车把比赛的路线仔细地看一遍,并把沿途比较醒目的标志画下来,比如第一标志是银行;第二标志是一个古怪的大树;第三标志是一座高楼。这样一直画到赛程结束。比赛开始后,他就以百米的速度奋力地向第一个目标冲去,到达第一个目标后,又以同样的速度向第二个目标冲去。40 多公里的赛程,被他分解成几个小目标,跑起来就轻松多了。

从这个世界冠军的故事中，我们不难发现目标是需要分解的，一个人制定目标的时候，要有最终目标，比如成为世界冠军，更要有明确的绩效目标，比如在某个时间内成绩提高多少。最终目标是宏大的，引领方向的目标，而绩效目标就是一个具体的，有明确衡量标准的目标，比如在四个月把跑步成绩提高 1 秒，这就是目标分解，绩效目标可以进一步分解，比如在第一个月内提高 0.03 秒等。当目标被清晰地分解了，目标的激励作用就显现了，当我们实现了一个目标的时候，我们就及时地得到了一个正面激励，这对于培养我们挑战目标的信心的作用是非常巨大的！换句话说，制定目标就要有整体目标和分目标之别。作为一个班集体，制定整体目标当然重要，但是如果目标过于笼统，实施起来就比较盲目，而且不容易见到成效。如果我们能把整体目标划分为不同的分目标，那么实施起来就容易多了，而且能够让学生看到希望，有满足感，从而提高学生的积极性。

目标的分解就是把整体目标分解成各个具体目标，这是综合—分析—综合的科学思维方法在目标管理中的运用。目标分解不是最终目的，而是更好地实现整体目标的手段。

生涯目标可以按时间进行分解成长期目标、中期目标和短期目标，再按性质分解成外职业生涯目标和内职业生涯目标，具体如图 5-2 所示。

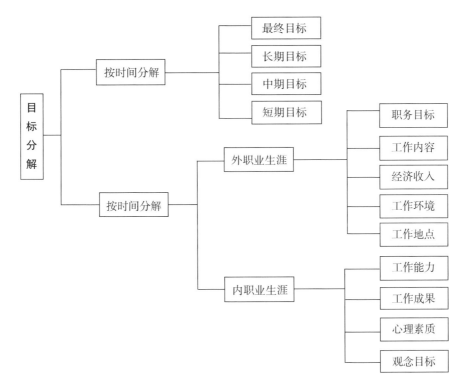

图 5-2　职业目标分解

小故事

某大学思想政治专业的小明的理想是当一名老师,这是他职业生涯目标的分解。

(1)在校期间:2010—2012 年

成果目标:顺利毕业,在一所中学当政治老师。

学历目标:取得毕业证书、学位证书、英语四六级证书、计算机一级证书、心理咨询师证书以及每年的综合奖学金等。

能力目标:从家教兼职中获得一定的实践经验。

(2)工作适应阶段:2012—2013 年

成果目标:教学顺利,并取得一定的教学成果,学生的成绩有所提高。

学历目标:准备考研,阅读相关的书籍。

能力目标:在这一年里,不断积累教学经验,为以后的升职做准备。

(3)经验积累阶段:2013—2015 年

成果目标:积累了一定的教学经验,并总结过去的经验成果。

学历目标:继续为考取硕士学位做准备。

能力目标:一方面提高自学能力,另一方面不断改善教学方式。

(4)经验巩固阶段:2015—2018 年

成果目标:从普通的政治老师升职为班主任。

学历目标:成功考取硕士学位。

能力目标:能够胜任班主任的职务。

(5)发展阶段:2018—2020 年

成果目标:成为一名优秀班主任,学生的成绩能让家长满意。

学历目标:能够获取进修深造的机会。

能力目标:既是一名优秀的老师,同时也是一名负责的班主任。

第二节　生涯管理

■ 一、准备阶段

只有目标没有计划等于空想。制订计划和行动的措施是完成任务、实现目标的关键因素。大学四年每个阶段的培养目标不同,个人所制订的计划和采取的行动措施也应当各有侧重。

(一)大学一年级

本阶段的主要任务是正确认识大学、认识自我,进行生涯剖析,制定职业目标。初步了解职业,特别是自己未来想从事的职业或自己所学专业对口的职业,提高人际沟通能力。多和学长交流,尤其是高年级的学长,咨询就业情况,多参加学校活动,提高交流技巧、沟通能力,利用学生手册、学校网站、讲座等途径了解学校各项规章制度。

(二)大学二年级

开始考虑毕业后是升学、就业还是自主创业,本阶段主要任务是提高自身基础素质。通过参加学生社团活动,锻炼各种能力,同时检验自己的知识技能;尝试兼职,最好能在课余活动时间从事长期与未来职业或本专业相关的工作,提高自己的责任感、主动性和抗挫折能力;增强英语口语能力、计算机应用能力,通过英语、计算机等级考试,有选择地辅修其他专业的知识来充实自己。

(三)大学三年级

加强自身综合素质,培养职业目标所需要的各种能力,提高求知技能,关注就业信息,做出升学、就业、自主择业等路径的抉择。

撰写专业学术文章时,应大胆提出自己的见解,锻炼独立解决问题的能力和创造力,参加和专业有关的实践活动,和同学交流求职工作心得体会,学习写简历、求职信,适当尝试求职。

(四)大学四年级

侧重于择业、就业或创业。

对前三年的准备做一个总结:首先检验自己确立的职业目标是否合理,前三年准备是否充分；开始申请工作，积极参加招聘活动；了解用人单位资料信息，强化求职技巧，进行模拟面试训练等等。

二、生涯发展路径

职业通道模式主要分三类：单通道模式、双通道模式、多通道模式。按职业性质又可分为管理性、技术性、技能性职业通道，如图 5-3 所示。

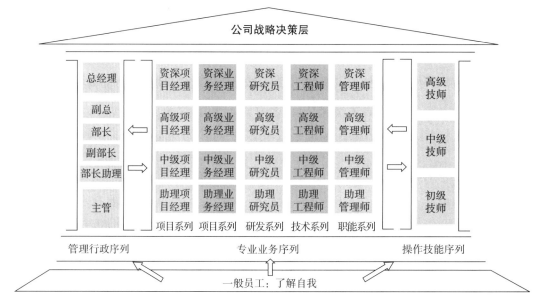

图 5-3　职业通道模式

根据各行业工作性质的不同，宜采用不同的职业通道。如技术性职业通道宜采用三通道模式，即技术系列通道、技术带头人通道、技术管理人员通道。其中，技术带头人是指有较强技术基础，能管理项目的员工，他们进行项目资源的计划协调与控制，并有预算能力，设立技术开发策略与产品开发方向，他们主要对技术人员的技术要求进行把关，而无直接管理技术人员的权力。而技术管理人员主要对项目的预算、人员的调动升迁考评负责，每一级职称都分别用"学历要求"、"专业要求"、"工作经验要求"、"专业知识要求"和"能力要求"等五个维度加以界定，随着职称级别的提高，各维度的相关要求也有适当的提高。这样每两级职称之间就产生了要求间距，即职称晋级考核标准，同时每一职称级别都与薪金和工作负责程度正相关，即职称级别越高，薪金与工作负责程度越高。

另外,需要注意技术与管理类型职业通道的平衡。从实践的角度看,由于"官本位"思想的不良影响,技术职业的重要性往往被忽视,技术人员还是往管理序列挤,一些不想放弃技术工作的人,则通过跳槽来实现从事技术职业的梦想,那些跳不走或不想跳又挤不进管理序列的人,则士气低落。因此,提高技术人员的待遇、地位,为技术人员设计与管理序列各等级待遇基本相当的等级序列,从而吸引优秀人才安心从事技术开发工作和技术服务工作,意义非同寻常。平衡管理与技术类型职业通道的待遇,可直接应用工作评价技术,确定各类各层次岗位的相对重要性,以此作为确定待遇的依据。

第三节　生涯决策

在职业生涯规划过程中,很多大学生表现出缺乏对职业和自我的合理认识和定位,面对各种就业机会感到迷茫,职业决策和职业选择能力不足,无法做出明确的职业决策,由此而引起一系列的反应,比如焦虑、挫折感,甚至不敢正视现实、面对未来,这其实是职业决策困难的典型表现。

小故事

小林,女,21岁,某大学中文系大三学生。

她乐观、外向、健谈、热情、喜欢结识新朋友,人缘好,比较敏感,对人和事通常都有细致的洞察力;喜欢独立做决定,很有责任感,擅长写作,学业成绩优秀,多次获得奖学金;最大的生活梦想就是周游世界;最大的职业梦想是成为白领精英。

她做过一些测评,如MBTI的人格类型是ESFJ,霍兰德职业兴趣与能力倾向量表的结果是社会型,价值观量表中显示她看中的是职业中的社会交往,认为工作的目的和价值在于能和各种人交往,建立比较广泛的社会联系和关系,甚至能和知名人物结识。

因此,她想从事跟人打交道的工作,最好能运用自己的中文写作特长,经过考虑,她觉得中学教师、行政秘书和人力资源专员这三种工作都可以作为自己的选择,而她父母的意见是女孩子做中学教师工作稳定,也能照顾家庭,希望她做教师。究竟哪一种职业更适合自己的发展和生活的平衡,她难以做决定。

拥有一个好的职业,能够充分发挥自己的聪明才智,成就一番事业。职业决策是人生必经的门槛,是大学毕业生必须面对的人生关键的一步。针对当前大学生职业选择中存在的随意性大、被动就业的问题,应该使大学生掌握一些有效的职业决策理论和方法,加强大学生职业决策能力的培养。

一、职业决策的含义

决策(decision making)是为了实现一定的目标,采用一定的科学方法和手段,从两个以上的方案中选择一个满意方案的分析判断过程。它是建立在决策者自身和周边环境分析基础上,确定行动目标,并对实现目标的若干可行性方案进行比较和选择,最终确定一个最为优化合理的方案的分析决断过程。简单说,决策就是做决定的过程。

在职业选择中,通常也需要我们做出有利于职业发展的决定,这就是职业决策。职业决策是一个复杂的认知过程,通过此过程,决策者组织有关自我和职业环境的信息,仔细考虑各种可供选择职业的前景,最后做出职业行为的公开承诺。职业生涯决策有以下构成要素:

1.目标:指所要达到的目的,这是职业生涯决策存在的根本。

2.选择:指在达到目标的过程中有多种途径,采取哪一种途径做出选择。

3.结果:指每一种选择衍生出来的附加物。

4.评价:指对各种选择结果进行合理的评估。

二、职业决策的风格

测试你的决策风格:摘桃

有一片桃园,你被允许进去摘桃子,但只许前进不许后退,只能摘一次,要摘一个最大的,你会怎么办?

A:对视野内的桃子进行比较,形成一个大概的标准,再根据这个标准选择最大的桃子。

B:"我感觉这个大!"就摘这个了。

C:"去问看桃园的人,让他告诉我什么样的最大!"或者问旁边的人什么样的最大。

D:先别管了,走到最后再说吧。

E:稍微比较,迅速摘一个。

在面对职业决策时,每个人受个体的经验、知识、能力、性格和气质等多重因素的影响,都有自身独特的行为方式,这种独特的决策方式就是个体的决策风格。

决策风格可以认为是人们在做决策时表现出来的行为偏好和心理倾向,反映了个体在决策的过程中习惯的反应模式,是个人关于决策行为的个性特征在职业决策过程中的体现。不同的人在决策同一件事情、实现同一目标的习惯偏好不同,从而形成了决策风格的差异。个体决策风格是如何形成的,对这一问题的分析大体可归纳为三类理论:

1.个性决策论。这类理论的主张是,决策风格取决于决策者的个性(包括气质、性格等心理特征)。

2.情势决定论。持这类主张的学者认为,决策任务与决策环境适合于不同决策风格的人。

3.相互作用决定论。坚持这一倾向的理论认为,决策风格既受个性影响,又受决策任务与环境的影响,因此,在研究决策风格的形成原因时,需要同时考虑上述两类因素的相互作用。人们采用何种风格在一定程度上取决于自身一贯的认知风格、行为习惯等特点,也取决于可利用的时间资源,以及所面临的决策问题的复杂程度。

最早研究决策风格的是丁克里奇(Dinklage),他在1968年将决策者分为八种风格类型:计划型、苦恼型、延迟型、瘫痪型、冲动型、直觉型、宿命型、顺从型。

目前使用得较多的是哈瑞恩(Harren)在丁克里奇基础上所做的划分,提出四种决策风格:理智型、直觉型、依赖型和犹豫型。

美国职业生涯专家斯科特(Scott)和布鲁斯(Bruce)(1995)认为决策风格是在后天的学习经验中逐渐形成的,并将决策风格划分为五种类型:理智型、直觉型、依赖型、回避型和自发型。

(一)理智型

理智型决策风格以周全的探求,以及对选择的逻辑性评估为特征。理智型的决策者具备深思熟虑、分析、逻辑的特性。这类决策者会评估决策的长期效用并以事实为基础做出决策。理智型决策风格是比较受推崇的决策方式，强调综合全面的信息收集、理智的思考和冷静的分析判断，是个体需要培养的一种良好的思考习惯。

（二）直觉型

直觉型决策风格以依赖直觉和感觉为特征，比较关注内心的感受。直觉型的决策风格以自我判断为导向，在信息有限时能够快速做出决策，当发现错误时能迅速改变决策。由于以个人直觉而不是理性分析为基础，这类决策发生错误的可能性较大，因此，易造成决策的不确定性。

（三）依赖型

依赖型决策风格以寻求他人的指导和建议为特征。依赖型的决策者往往不能承担自己做决策的责任，允许他人参与决策并共同分享决策成果，会受到他人的正面评价，但也可能因为简单地模仿他人的行为导致负面的反应。依赖型的决策者需要理解生活中他人对自己的影响程度。

（四）回避型

回避型决策风格以试图回避做出决策为特征。回避型的决策风格是一种拖延、不果断的方式，这类决策者不能够承担做决策的责任，不考虑未来的方向，不去做准备，不知道自己的目标，也不思考，更不寻求帮助。

（五）自发型

自发型决策风格以渴望即刻、尽快完成决策为特征。自发型的个体往往不能够容忍决策的不确定性以及由此带来的焦虑情绪，是一种具有强烈即时性，并对快速做决策的过程有兴趣的决策风格。自发型决策者常会由于一时的冲动，在缺乏深思熟虑的情况下做出决策。

▇ 三、职业决策的策略

职业决策是一种选择策略的能力，决策者会在不同情景下选择使用不同的决策策略，也可能综合使用几种策略。常见的三种决策策略是：理性决策策略、直觉决策策略和被动的决策策略。

（一）理性决策策略

这是指个体在决策时严格按照理性思维进行推理,依照科学的程序做出对自己职业的选择。哈瑞恩认为个体进行理性职业决策时,主要反映出个体内在的、理性的需要,并获得了一定的有关自我与环境的信息作为依据。在此过程中,个体对信息的收集和加工是一种系统化的过程,受到外部趋向和内部趋向信息的综合影响。

（二）被动的决策策略

这是指个体主要凭借别人的帮助,或者从别人的愿望出发所做出的对自己职业的选择。这是一种在自我意识和环境意识不充分的情况下所应用的策略,以收集和加工外部趋向的信息为主要特征。

（三）直觉的决策策略

这是指个体依靠于自己当时的情感、愿望以及情景意识做出对自己职业的选择。直觉决策的特点是:个体在决策时,内部的情感线索起了主要的作用,甚至是凭一时的感觉或灵感做出对自己职业的选择。

四、职业决策的准则

尽管每个个体的职业选择、职业决策过程和职业目标是不同的,但要做出一个合适的职业决策需要决策者在决策过程中遵循一些基本的原则,其中包括决策的思维方式、决策组织、拟定备选方案等方面的原则要求。职业决策过程中应遵循五个准则。

（一）目标导向

目标导向理论是由行为学家罗伯特·豪斯(R. Honse)提出来的,该理论认为,要达到任何一个目标必须经过目标行为,而要进入目标行为又必须先经过目标导向行为。两种行为对动机强度的影响是截然相反的,为了解决这一矛盾,使动机强度经常保持在一个较高的水平上,就必须交替运用目标导向行为和目标行为。也就是说,当一个目标实现后,应适时地提出新的更高的目标,以便进入一个新的目标导向过程,从而使动机强度维持在较高的水平上,使人保持一种积极的状态。目标导向行为是一个选择、寻找和实现目标的过程。一般而言,它能提高人的动机水平。因此,在职业生涯中要不断提出富于挑战性的目标,进而去攀登一个又一个更高的人生巅峰。

(二)可行性

可行性是指在做职业决策时要考虑到实际情况,并具有可执行性。很多大学生刚开始时雄心壮志,一心想着出人头地。在实际社会里的工作,有时确实会存在一定跨越,但是更多的时候却是一种积累的过程,包括资历的积累、经验的积累、知识的积累,所以职业规划不能好高骛远,而要根据自己实际情况和社会情况,一步一个脚印踏踏实实地走下去。

(三)时间梯度

由于人生具有发展阶段和职业生涯周期发展的任务,职业生涯规划与管理的内容就必须分解为若干个阶段,并划分到不同的时间段内完成,这就是职业决策的时间梯度。每一阶段都有"起点"和"终点"两个时间坐标,人生就是这样一个阶段一个阶段发展下去的。所以,职业决策如果没有明确的时间梯度,会使职业生涯规划陷于空谈和失败。

(四)一致性

目标有不同的类型和阶段,各目标之间应有一致性而不能相互冲突,制定职业目标时应考虑各具体目标的统筹兼顾。例如,主要目标与分目标是否一致,目标与措施是否一致,个人目标与组织目标是否一致。

(五)激励性

目标决策要具有激励性,只有具有内在激励性的决策目标才能使个体自觉完成实现目标而不依赖外力的督促。

名言荟萃

1.毕业是个残忍的季节,成熟不成熟的都要一同收割。一切都会在秋冬交替的刹那间随风而逝,唯有那一泓鲜亮山溪般的记忆永远在我心中哗哗流动。——摘自《杜拉拉升职记》

2.在迷宫中搜索,比停留在没有奶酪的地方更安全。——摘自《谁动了我的奶酪》

3.你得找出你的最爱,工作上是如此,人生伴侣也如此。你的工作将占掉你人生的一大部分,唯一真正获得满足的方法就是做你相信是伟大的工作,而唯一做伟大工作的方法是爱你所做的事。如果你还没找到这些事,继续找,别停顿。——美国苹果公司 CEO 史蒂夫·乔布斯对斯坦福毕业生的演讲

4.I say to the House as I said to Ministers who have joined this government, I have nothing to offer but blood, toil, tears, and sweat.(正如我曾对参加本届政府的成员所说的那样,我要向下院说:"我没什么可以奉献,有的只是热血、辛劳、眼泪和汗水。")——温斯顿·丘吉尔(政治家、画家、演说家、作家以及记者,诺贝尔文学奖得主,曾两度任英国首相)

第六章　生涯调适

第一节　自尊

"不为五斗米折腰"这则成语的意思是用来比喻有骨气、清高。这个成语来源于《晋书·陶潜传》:"吾不能为五斗米折腰,拳拳事乡里小人邪。"陶渊明又名陶潜,是我国最早的田园诗人。他所以能创作出许多以自然景物和农村生活为题材的作品,与他的经历和处境有着密切的关系。公元405年秋,他为了养家糊口,来到离家乡不远的彭泽县当县令。这年冬天,郡的太守派出一名督邮到彭泽县来督察。督邮,品位很低,却有些权势,在太守面前说话好歹就凭他那张嘴。这次派来的督邮,是个粗俗而又傲慢的人,他一到彭泽的旅舍,就差县吏去叫县令来见他。陶渊明平时蔑视功名富贵,不肯趋炎附势,对这种假借上司名义发号施令的人很瞧不起,但也不得不去见一见,于是他马上动身。不料县吏拦住陶渊明说:"大人,参见督邮要穿官服,并且束上大带,不然有失体统,督邮要乘机大做文章,会对大人不利的!"这一下,陶渊明再也忍受不下去了,他长叹一声,道:"我不能为五斗米向乡里小人折腰!"说罢,索性取出官印,把它封好,并且马上写了一封辞职信,随即离开只当了八十多天县令的彭泽。

学习目标

了解自尊的内涵与分类,了解自尊的作用

重点难点

掌握自尊的影响因素

一、自尊概念与类型

(一)概念

自尊是个体自我评价的结果,是依据好或坏、喜欢或不喜欢的尺度对自我概念进行的总体评价。你觉得你是不是一个负责的人?你觉得你是一个出色的人吗?你是否对你所做的事感到满意?詹姆斯(1890)最早从心理学角度探讨自尊问题。他在探讨人的自我时,通过"自尊＝成功/抱负"的著名公式说明,自尊取决于个体在其认为重要的方面如何评价自己。

(二)自尊分类

1.整体自尊与具体自尊

整体自尊是指个体对自己整体性的态度或自我评价,在整合各具体自尊的基础上形成的"对自己赞许与否的态度"。

具体自尊是指个体对自己在各个具体领域的能力与价值的特定评价。比如:一个人认为自己善于交际,但不适合做学问,也就是说他有较高水平的社交自尊,较低水平的学术自尊。波普等认为自尊可以分为社会的、学业的、家庭的、身体意象和整体的五个层面。

2.特质自尊与状态自尊

特质自尊是指自尊被看作是一种如同人格或智力那样的长期稳定的个人特质,是个体对自己长期稳定的态度或自我评价。所以自尊是一种特质,那就其程度可分为高自尊、低自尊两种不同类型。如果一个学生在人际关系上始终持消极的评价,则其社交特质自尊是低水平的,但在学业上对自己始终持积极评价,则学业特质自尊是高水平的。

状态自尊是指个体随着情境、角色和事件的不同而表现出的即时的自尊,是一种暂时的心理状态,易受情境的影响,易随情境而变化。如果一个人考试失败,状态自尊就下降;考试考好,就会感到兴奋,自尊提高。

二、自尊的主要功能

(一)自我保护

自我保护是自尊的首要功能,自尊能使个体通过自我保护而免受焦虑和恐惧。通常情况下，当遭受外来挫折和威胁时，人们会主动寻求一些印象管理的策略来保护自尊。在现实生活中，人们经常有意识地去按照一定模式表现自己，以便给别人留下所期望的印象，借此维护自尊。假设某人对自己的外表评价低，而对自己的能力和品德评价高，那么，自尊会使这个人认为外表并不重要，能力和品德才是最重要的，这就是自尊的自我保护功能。

（二）决定个体的期望

在各种不同的情境中，个体对于事情发生的期待，对于情境中他人行为的解释，以及自己在情境中的行为，都取决于个体的自尊。个体对于自己的期望是在自尊的基础上发展起来的，并与自尊相一致，其后继行为也决定于自尊的性质。例如，一个高自尊的个体，体验到个人的成就和贡献在群体中占有的地位和获得声誉的重要性，就会促使他积极向上，孜孜不倦地学习和工作。

（三）影响人格的健康发展

人格心理学家和发展心理学家们普遍认为，自尊是心理健康的核心。自尊的重要功能之一，便是维持人格发展的稳定性和连续性，促进人格的健康发展。自尊不断地改变着个体对人格发展的态度和要求。比如，个体在成长过程中，不断地意识到现实自我与理想自我之间的差距，明确自己的发展方向和发展程度，并努力调动自己的潜力去实现预先设定的目标，从而促进人格的发展。在这一过程中，正是自尊导致了不同个体之间的人格差异。

■ 三、自尊与幸福感的关系

积极心理学家研究发现，自尊与幸福的相关系数超过 0.6，这个系数相当高，由此可见，自尊虽然不是生活幸福的唯一决定因素，但绝对是主要因素之一。自尊越高，我们的幸福感也会越高。高自尊有以下好处：(1)有益于心理健康。高自尊可以增强心理的抵抗能力和应付困难的能力。自尊程度越高，心理抵抗能力越强，越能更好地应对焦虑、抑郁及各种无法避免的困境。自尊被称为"意志的免疫系统"，意味着我们生病能够迅速恢复。(2)高自尊有利于改善人际关系，比如婚恋、朋友关系和家庭关系。(3)给我们带来更多的快乐与幸福。

四、影响自尊的因素

（一）生理遗传因素

研究表明，无论是对整体自尊还是具体自尊，自尊的水平还是自尊的稳定性，遗传的影响都是客观存在的。一个人的气质、神经系统的活动特点及能力的某些成分受到遗传因素的影响。

（二）家庭因素

1.父母教养方式

国内外研究都较一致地表明父母教养方式是家庭因素中对自尊发展影响最大或最重要的因素，它不仅对自尊总体发展水平有显著影响，而且对自尊各个方面的发展也有显著影响。它不仅影响自尊发展的水平，也影响自尊发展的速度和方向。那些自尊水平高、社交能力强的孩子通常都拥有温和、关心、权威的父母。

2.家庭结构

随着社会发展，离婚率逐年增高，单亲家庭增多，留守儿童、隔代抚养等现象也日益增多，不同的家庭结构对儿童成长过程心理健康的影响也日益显现。在有缺陷的家庭结构里成长的儿童，自尊水平普遍低于完整家庭的儿童。

3.个人应对方式因素

有研究认为个体的应对方式对自身认知发展和人际关系都有重要的联系，而且有较好自尊的人拥有更积极的应对方式，拥有更好的社会适应能力。有研究者认为低自尊的个体会过多地使用消极的应对方式和冲动的风格，低自尊的个体具有更强的攻击性。

（三）学校因素

学校是学生成长上的重要场合，对学生的心理健康和心理成长有重要的影响。

1.同伴关系

Brown 研究认为，自尊在不同的情绪情境中，可以决定个体对自己对他人的社会期望。个体的多种情绪和行为取决于个体的自尊水平，情绪影响同伴之间的关系。魏运华的研究表明，四五年级的小学生学习成绩、自尊和同伴关系之间有相关关系。高自尊的儿童在同伴交往中往往会主动建立同伴关系，有较好的人际关系。

2.学校适应

学校适应是指学生能够顺利地完成学校的日常生活,能够愉快地参与学校生活,是个体心理发展的重要因素。邓远平、汤舒俊在家庭环境与学习适应的相互关系的研究中发现,流动人口家庭的子女对学校的适应程度比稳定在一个学校生活的学生的学习适应程度低,这是因为经常换地方使孩子没有稳定的社交关系从而影响自尊水平。要改善学生的学校适应程度就应该完善家庭环境,从而提升自尊水平。徐凤娇研究认为,学业适应是影响学生自尊的重要因素,在成长发展过程中,学校适应性越高,学生的自尊水平越高。童年期的家庭教养方式、学校适应能力和自尊存在相互关系。学校适应过程中的学业成绩、社交问题等都会影响学生的学校适应能力。

(四)社会文化因素

社会文化因素是影响少年儿童心理发展的重要影响因素,在人们的日常生活过程中,社会环境、文化的影响必不可少。个体的情绪会影响自尊水平,低自尊的情绪表现会影响自我的社会评价也就会影响自我的社会支持情况。

五、自尊心理测量

罗森博格的自尊量表

请指出你在多大程度上同意以下说法,并在最能描述你对自己的感受的数字上画圈。这个量表可以作为你认识自己的一个参考。

1.我认为自己是个有价值的人,至少与别人不相上下。

(1)非常同意　　　(2)同意　　　(3)不同意　　　(4)非常不同意

2.我觉得我有许多优点。

(1)非常同意　　　(2)同意　　　(3)不同意　　　(4)非常不同意

3.总的来说,我倾向于认为自己是一个失败者。

(1)非常同意　　　(2)同意　　　(3)不同意　　　(4)非常不同意

4.我做事可以做得和大多数人一样好。

(1)非常同意　　　(2)同意　　　(3)不同意　　　(4)非常不同意

5.我觉得自己没有什么值得自豪的地方。

(1)非常同意　　　(2)同意　　　(3)不同意　　　(4)非常不同意

6.我对自己持有一种肯定的态度。

(1)非常同意　　　(2)同意　　　(3)不同意　　　(4)非常不同意

7.整体而言,我对自己觉得很满意。

(1)非常同意　　　(2)同意　　　(3)不同意　　　(4)非常不同意

8.我要是能更看得起自己就好了。

(1)非常同意　　　(2)同意　　　(3)不同意　　　(4)非常不同意

9.有时我的确感到自己很没用。

(1)非常同意　　　(2)同意　　　(3)不同意　　　(4)非常不同意

10.有时我觉得自己一无十处。

(1)非常同意　　　(2)同意　　　(3)不同意　　　(4)非常不同意

量表分四级评分:"非常同意"计 4 分,"同意"计 3 分,"不同意"计 2 分,"非常不同意"计 1 分,1、2、4、6、7 正向记分,3、5、8、9、10 反向记分,总分范围是 10～40 分,分值越高,自尊程度越高。

第二节　生涯适应

案例导入

穿普拉达的女王

看过《穿普拉达的女王》这部非常经典的职场电影吗?《穿普拉达的女王》是根据劳伦斯·魏然伯格(Lauren Weisberger)自己的经历写的一部同名畅销小说拍摄而成的电影。原著的作者就是一个从学校刚毕业不久的女孩,她在毕业之后进入了大名鼎鼎的美国《时尚》杂志担任总编辑助理。大概在工作了一年后辞职,之后就写了这本书,把她自己的工作经历写了出来。

该片讲述一个刚从学校毕业想当记者的女孩子 Andrea Sachs 在寻找工作无果的情

况下进了一家顶级时装杂志《RUNWAY》给他们的总编当助手。然而好景不长,很快她发现她的工作简直是噩梦,因为这个女总编 Miranda Priestly 对待所有的人都是那么尖酸刻薄,紧张的气氛蔓延在整个杂志社。这个时尚的女魔头无论公事私事都交给助手打理,把这个可怜的女孩折腾得苦不堪言。例如,在有飓风的时候让 Andrea 去找飞机把她从迈阿密送回纽约;让 Andrea 去找哈利·波特的手稿,只是因为她的双胞胎急于知道下面的故事等等。Andrea 的态度从一开始的得过且过,不为工作而改变自己,到后来主动换上了在圈子里的时尚衣服,完美地完成着她的工作。但最后通过与女魔头的交谈,发现自己得到了工作,却放弃了家人和朋友,并且为了工作上的进步要将别人狠狠打压下去,于是她毅然离开了杂志社并寻回了自己失落的幸福。

这部改编的电影以及根据作者真实经历所撰写的原版小说对当下即将进入职场和刚刚踏入职场的年轻人很有借鉴意义。一些人认为,对年轻人来讲,既然接受了这份工作,就等于接受了企业的价值观,需要融入企业、认同企业。另一些人则认为,年轻人更应该有自己的追求和自己的价值观,不应当为了一时的工作和物质需要而丧失自我。大家也可以通过欣赏小说与电影,思考一下你对职场新人如何适应工作环境的想法。

学习目标

理解生涯适应力的内涵,掌握生涯适应力的模式

重点难点

生涯适应力的培养

一、提升大学生生涯适应力的必要性

(一)新时代发展的内在需要

社会经济的快速发展使得工作和职业生涯的特性发生了巨大的变化,人们需要面对各种令人困惑不解的变化。时代发展变化对个体生涯发展和生涯心理带来诸多影响。有研究者认为,机遇与挑战并存,人们的人生规划面临更多的选择,同时工作环境可能是流动的,高学历不再确保找到工作,职业生涯不再清晰稳定和循序渐进,也不再有权威可靠的生涯规划指导。现代人的生涯发展具有不可预测性、不确定性。

(二)大学生生涯发展现状的迫切要求

大学生生涯发展的实证研究发现,我国大学生的生涯发展状况确实不尽人意,主要表现在职业适应性一般、职业定向不稳定、职业期望偏高、择业观过于功利、社会责任感淡薄、自我评价不高、对职业了解存在局限性和片面性等情况。所以,提升大学生的生涯适应力以促使他们在充满变化和困难的生涯道路上更有效地发展,已是当前高校教育工作的重中之重。

(三)促进大学生获得圆满生涯的需要

有研究发现,生涯适应力能够影响个体的心理健康,在面对逆境冲击时,适应力强的人比易受伤害者有更多的心理社会资源。生涯适应力能够影响个体获得生涯成功和较高的生涯满意度,被视为个体获得圆满生涯的关键能力。生涯适应力与个体满意度、薪资满意度和生涯满意度之间具有显著的正相关。

▓ 二、生涯适应力的概念

生涯适应力是适应力概念在生涯领域中的应用。适应力是指对某种条件的适应程度,是根据不同的环境而变化自己的某种特点。适应力强就证明一个人能在不同环境里顺利生活下去。举个例子,一个适应力强的人比一个人适应力弱的人在社会上立足更容易。一个人要改变自己来达成外界的要求,改变得越快,适应力越强。实际上,在过去30年里,适应力在生涯文献中经常被提到,但因人们对适应力以及生涯的理解不同,对生涯适应力概念的界定亦未达成一致。最初,Pratzner 和 Ashley(1985)认为生涯适应力是适应工作需求以及变换工作以适应个人需求的能力,这一界定意味着个体需要根据条件变化进行调整,也包括改变条件以应对变化。萨维科斯(Savickas)作为生涯适应力研究的代表人物,生涯适应力的操作定义可通过自我和环境探索、生涯计划态度和生涯决策来界定,所有这些亦可界定为自我调整策略。他认为生涯适应力是指个体对于可预测的生涯任务,所参与的生涯角色与面对生涯改变或生涯情境中不可预测的生涯问题的因应准备程度。生涯适应力概念强调个体与其生活环境间交互作用的重要性以及个体所面对的非成熟性问题。

▉ 三、生涯适应力的结构模式

（一）Super 成人生涯适应力模式

Super(1979)是最早探讨生涯适应力理论建构的研究者之一,提出"成人生涯适应力模式",该模式包括计划性、探索、信息、决策和现实取向等五个层面。

计划性是指个体在拟定教育以及职业计划的过程时,能够具备自主性以及为自己所做的计划担负起责任。计划拟定会受到个体时间洞察力的影响,具体表现在:(1)个体价值探索期阶段,有关职业偏好的具体化、特定化以及实践经验能够具备反思的能力;(2)对于现在和即将到来的生涯发展,能就稳固、统一以及追求更进步的发展任务上,做审视的能力;(3)展望未来,个体能继续维持既有的工作成就,甚至创新;对于衰老、即将退休的发展任务,能具备预见的能力。

探索主要包括三个方面,一是个体能就下列两方面提出相关的询问:自我方面:关心个体在生涯阶段中的发展以及在生活空间里扮演的角色;环境方面:从时间的角度来了解组织的发展与个体生活空间中的生活模式。二是个体对自己的资源能有所了解,进而有评估以及愿意去使用它们的能力。三是能参与家庭以及社区的事务。

信息主要在于,一是能够充分了解个体的特质、生涯阶段的发展任务、可能的生涯出路、如何去实现这些出路,以及计划实践后可能产生的结果等;二是在生涯问题的处理上,个体要找出各种可能的选择,正确地应对;三是个体能够从组织的角度、工作本身以及职业领域等三个方面,来检视自己未来可能的出路。

决策主要包括个体能掌握知识与评估原则的能力,以及个体会应用过去做决定的方式和现在所获得的经验两个方面。

现实取向包括:(1)个体对自我的人格特质以及偏好,做更深入的了解;(2)个体能以可获得的资源来规划未来;(3)随着时间的推移,个体能使偏好保持一致性;(4)个体将偏好具体化的能力,使自我概念更加明确、目标更加容易现实;(5)个体试图将未定的工作经验稳固下来继续维持原工作,如此才能达成生涯计划。

（二）Savickas 的生涯适应力建构模型

为解决 Super 的成人生涯适应力建构中的局限,Savickas 提出了生涯适应力建构模型。Savickas(2005)认为一个适应性的个体应具备以下特点：(1)能够对未来生涯有所关注；(2)能够增进对自己未来生涯的控制感；(3)能展现出对可能自我和未来情景探索的好奇心；(4)能够不断强化自己对实现生涯抱负的信心。他认为个体生涯适应力的发展是沿着生涯关注、生涯控制、生涯好奇和生涯自信这四个维度或阶段发展的。

生涯关注是指个体对他自己未来生涯能够有所关注。在生涯适应力理论中，生涯关注被视为最先，也是最重要的维度，它要解决的问题是"我有未来吗？"个体若能够对生涯有所关注，将有助于让未来的感觉变得真实，因为它帮助个体记得过去的生涯活动，考量最近的生涯发展，并预先考虑未来的生涯目标，进而做出生涯的计划。

生涯控制是生涯适应力的第二个重要维度，是指个体相信他们对于建构自己的生涯是可以自我决定和负起责任的。它要解决的问题是"谁拥有我的未来"。简言之，生涯控制是指通过生涯决策和对未来负责的方式提高自我调控能力。

生涯好奇是指个体愿意对自我和工作世界进行积极的尝试和探索。生涯好奇反映的是个体的好奇态度，这种态度会促使个体进行更多的生涯探索，进而实现未来目标。它要解决的问题是"未来我想要做什么？"当个体具有好奇心，能对新经验、新事物保持开放的态度和冒险的精神，并愿意去尝试和体验各种不同的角色，去了解工作世界的运作，将会增进个体对自己兴趣、人格以及价值观有更多的认识，并了解不同职业所需具备的条件以及薪酬等职业信息。

生涯自信是指个体对自己生涯问题解决能力的信心及其自我效能信念。它要解决的问题是"我能做到吗？"生涯自信与生涯自我效能的概念相似。当个体的生涯自信较强时，个体就能摆脱困难以建构自己的未来。高生涯自我效能者往往再就业的积极性也更高，会主动寻找就业机会。

▉ 四、生涯适应力的影响因素

(一)人口学变量因素

有研究发现生涯适应力在性别上存在显著差异，男大学生的生涯适应力水平显著优于女大学生。大学生生涯适应力发展水平是呈曲线变化的，大二和大四是生涯适应的低谷期，大一和大三生涯适应水平较高。

（二）家庭因素

家庭因素通常指家庭社会经济地位、教养方式、居住环境，父母影响等。

（1）家庭社会经济地位。不同社会经济地位家庭对生涯适应力的影响是不同的，社会经济地位高的个体其生涯适应力及其各层面的发展水平也高。家庭社会经济地位与生涯适应力的关系呈"V"形关系，即高社会经济水平和低社会经济水平的个体，其生涯适应力水平显著高于中等社会经济水平的个体的生涯适应力水平。

（2）家庭教养方式。生涯适应力在父母教养方式上存在显著差异，民主型家庭教养方式中的大学生，其生涯适应力发展水平最佳，溺爱型和放任型家庭教养方式中的大学生其生涯适应力水平最差。

（3）父母影响。父母的支持在生涯适应发展中发挥重要作用，大学生感觉到的父母支持越高，其职业成熟度越高，父母支持不够或冷漠不利于大学生生涯适应力的发展以及克服生涯发展的挫折。

（三）人格特征因素

人格是个体在与环境相互作用过程中所表现出来的独特的行为模式。有研究者认为，人格结构存在缺陷的人，社会适应能力低，心理健康水平低，在遭遇外部刺激时，常会产生严重应激，产生严重心理问题。可见，人格特征对生涯适应力有重要影响。在生涯适应力与大五人格相关研究中发现，开放性、严谨性、外向性对个体的生涯适应力有正向预测作用。

■ 五、提升大学生生涯适应力的方法

（一）大学生要树立自我导向的生涯发展观

大学生认识职业生涯发展有局限性和片面性，表现在过于重视人际关系与合作能力的培养，忽视探索自我特点及职业特点，缺乏培养职业决策和职业规划能力。职业生涯发展过程会存在不确定性及难以预料到的事件，大学生应学会主动应对遇到的变化与困难，为自己的生涯发展负责。所以，大学生要转变生涯思维方式，接纳和容忍生涯发展过程中的不确定性，培养积极乐观的心态，积累丰富的经验，加强自我学习，提升解决问题的能力，使自己能更好地处理职业生涯发展遇到各种问题。

(二)建立一套理念现代化,服务专业化、多元化与个人化的生涯服务体系

高校若要帮助大学生成功地做好生涯准备并获得较高水平的生涯适应力,一个不可或缺的要素就是要建立一套理念现代化,服务专业化、多元化与个人化的生涯服务体系。所谓理念现代化就是指生涯服务理念应符合时代特点和要求。过去生涯服务的主要目的在于协助人们发现切合个人特质的职业角色,"人职匹配"即为其主要理念。不过,近年来许多研究发现,"人职匹配的职业决策就是好的或有效的职业决策"这一假设并没有得到实证研究的支持,认为匹配性并不是优化的职业决策结果的良好预测指标。而现在的生涯服务更关注的是个体如何顺利寻找新工作,适应并完成生活中不同角色的转变。可见,帮助大学生去"适应"应成为高校生涯服务的核心理念。生涯服务专业化就是指有一批受过系统的专业培训,有着扎实的专业知识、过硬的专业服务技能的生涯服务人员;多元化就是指生涯服务的内容是多方面、全方位的,诸如拥有能够为大学生提供生涯咨询与辅导、能够提供与生涯相关的测验并分析解释测验结果、能够透过多种管道为学生提供有关升学与就业信息、能够协助学生发展适应性的生涯因应技巧等服务项目;个体化就是学校在规划生涯服务措施的过程中应重视学生的生涯发展需求,考量学生的特质差异性,以增加生涯服务措施的针对性与适切性。

(三)开设大学生的生涯适应力辅导课程

学校将生涯适应力的培养纳入生涯教育课程,能更好地提高学生生涯适应力。有研究发现受过生涯适应力训练的大学生就业质量高于没有受过训练的大学生,实验组被试的生涯关注、生涯控制和生涯好奇较训练前有显著提升,但控制组的被试没变化。所以,加强对学生的生涯适应力辅导实施有效的课程干预很有必要。

(四)建立生涯适应力咨询辅导机构

目前我国高校的职业辅导专业人员数量少,开展生涯适应力辅导在国内还是空白。生涯咨询干预是提升生涯适应力的一种有效方法。研究表明,生涯咨询对生涯焦虑、控制、好奇和承诺有较好影响,对自信没有太大影响。需要更多关注生涯适应力的咨询干预,设立针对大学生的生涯咨询机构,并增加对该领域的投入。

(五)借助实践提升大学生生涯适应力

实践对于提升生涯适应力非常重要,大学期间,参与实践(如课程实践、实习、兼职、担

任学生干部、参加社团等)会使学生在各种实践活动中得到锻炼,从而促进大学生生涯适应力的提升。

第三节　情绪管理

案例导入

有一个男孩脾气很坏,于是他的父亲就给了他一袋钉子,并且告诉他,当他想发脾气的时候,就钉一根钉子在后院的围篱上。第一天,这个男孩钉下了40根钉子。慢慢地,男孩可以控制他的情绪,所以每天钉下的钉子也跟着减少了,后来他发现控制自己的脾气比钉下那些钉子来得容易些。终于,父亲告诉他,现在开始每天当他能控制自己脾气的时候,就拔出一根钉子。一天天过去了,最后男孩告诉父亲,他终于把所有的钉子都拔出来了。于是,父亲牵着他的手来到后院,告诉他说:"孩子,你做得很好。但看看那些围篱上的坑坑洞洞,这些围篱将永远不能回复到从前的样子了,当你生气时所说的话就像这些钉子一样,会留下很难弥补的疤痕。"

学习目标

了解情绪内涵、分类和作用

重点难点

不良情绪的调适方法以及积极情绪培养方式

一、什么是情绪

"情绪"对于我们每一个人来说都不陌生,我们常常发现自己有情绪,也常常会说他人带着情绪,那么,究竟什么是情绪呢? 在日常工作与生活中,我们如何识别他人的情绪呢? 情绪是人对客观外界事物的态度的体验,是人脑对客观外界事物与主体需要之间的反映。

情绪的定义包含以下三方面内容：

（1）情绪是一种主观感受，或者说是一种内心体验，是以人的需要为中介的一种心理活动，它反映的是客观外界事物与主体需要之间的关系。外界事物符合主体的需要，就会引起积极的情绪体验，否则便会引起消极的情绪体验。

（2）表情是情绪的外在表现形式。例如，高兴的时候人的眼是眯着的，嘴角是往上提的；伤心的时候眉头是皱着的，嘴角是向下的；害怕的时候眼是瞪着，嘴是张着的。

（3）情绪会引起一定的生理变化，包括心率、血压、呼吸和血管容积上的变化。如愉快时面部微血管舒张，脸变红了；害怕时微血管收缩，血压升高、心跳加快、呼吸减慢，脸变白了。

二、情绪有哪些

从生物进化的角度将情绪分为基本情绪和复合情绪。基本情绪是任何动物共有的，不学就会，又叫原始情绪。根据现代心理学研究，快乐、愤怒、悲哀和恐惧是我们人类最基本、最原始的情绪体验。复合情绪是由基本情绪的不同组合派生出来的。例如，敌意是由愤怒、厌恶和轻蔑组合起来的，焦虑是由恐惧、内疚、痛苦和愤怒组合而成的。

情绪有积极与消极之分，一般而言，需要得到满足就会引起积极的情绪，需要得不到满足就会引起消极的情绪。积极情绪是指对人的行为、活动具有肯定性和良性的情绪，如快乐、高兴、喜爱、开心、好奇、信心等。积极情绪对人生成功和幸福有促进作用。消极情绪是指对人的行为、活动带有否定性和恶性的情绪，如自卑、恐惧、紧张、猜疑、恐惧、嫉妒、愤怒等。消极情绪对健康成长和幸福生活有不良影响。认识不同的情绪，充分利用情绪积极的一面，进而管理情绪。

三、情绪健康标准

健康情绪的具体表现为积极的、正向的情绪占主导地位；情绪稳定；具有自我调节情绪的能力（及时整理情绪、合理宣泄情绪）；具有自我控制情绪的能力，能适时、适地、适度地表达自己的情绪。

心理学家瑞尼斯等人提出健康情绪的六项指标如下：

(1)发展出某些技巧以应对挫折情境；

(2)能重新解释与接纳自己与情绪的关系，不会一直自我防卫，能避免挫折并安排替代的目标；

(3)知觉某些情境会引起挫折，可以避开并找寻替代目标，以获得情绪满足；

(4)能找出方法，缓解生活中的不愉快；

(5)能认清各种防卫机制的功能，包括幻想、退化、反抗、投射、合理化、补偿，避免成为错误的习惯，以致防卫过度，造成情绪困扰；

(6)能寻找专家的帮助。

四、情绪的意义

情绪如四季般自然地发生，一旦情绪产生波动时，个人会表现愉快、气愤、悲伤、焦虑或失望等各种不同的内在感受，假如负面情绪常出现而且持续不断，就会对个人产生负面的影响，如影响身心健康、人际关系或日常生活等。每个人都有情绪，但人们大都对情绪缺乏必要的了解和关注。消极情绪若不适时疏导，轻则败坏情致，重则使人走向崩溃；而积极的情绪则会激发人们工作的热情和潜力——各种情绪不同程度地影响着员工的工作和生活。只有了解了情绪，才能管理并控制情绪，才能发挥其积极作用。情绪管理要求我们要辨认情绪、分析情绪和管理情绪。工作并快乐着，这是情绪管理的目标。

(一)情绪对生理健康的影响

《礼记》上说"心宽体胖"，意思就是情绪畅快时，人会越来越胖，而且愈来愈健康。如果有人跟我们说"您最近怎么面黄肌瘦"，亦即意味着我们常常情绪低落，茶不思，饭不想，导致脸色愈来愈差，甚至身体健康上出现状况。这就是心理学上所说"心身症"，也就是心理上生病，如过度焦虑、情绪不安或不快乐，会导致生理上的疾病。另外，据研究指出，一个人常常有负面或消极的情绪产生时，如愤怒、紧张，人体内分泌亦受影响，并导致内分泌不正常，而形成生理上的疾病。由此可见，时常面带微笑，保持愉快心情，并以乐观态度面对人生，有助于增进生理健康。

（二）情绪对人际关系的影响

人际关系取决于一个人情绪表达是否恰当。倘若常在他人面前任由负面情绪决堤，丝毫不加控制，如乱发脾气，久而久之，别人会视我们为难以相处之人，甚至将我们列为拒绝往来对象。反之，若常面带微笑、多赞美他人，以亲切态度与别人和谐相处，人际关系自然会逐渐改善，从此人生也变得较不寂寞、孤独，而且处处有人相伴共度人生岁月。

▉ 五、调适不良情绪的方法

情绪对一个人的心理健康有很大影响。能否妥善处理不良情绪关乎生活质量、幸福感以及人格发展等，所以积极调适不良情绪显得尤为重要。

（一）觉察自己的情绪

如果感到内心有某种情绪，先去觉察它，而不是急着表达它或压制它。情绪没有好坏之分，都是真实的内心感受，给自己的情绪一个存在的空间，和它待在一起。比如你可以问问自己："我现在有什么情绪？是什么事情让我感到这样呢？"觉察可以帮助我们弄清楚自己处于怎样的情绪状态，总与自己的感觉在一起。

（二）用身体感受自己的情绪

一般认为，情绪会导致身体感觉。比如我难过，那么我就会哭。这个逻辑的不足之处在于：我无法控制你的情绪，也无法控制你的身体感觉。但实际上，我们可以尝试把先后顺序倒过来，让身体感觉去改变情绪。这样一来，就可以解释为：我哭了，所以体验到悲伤。那么，悲伤是由哭引起的，而哭是一个哽咽、流泪的过程，这些是我们可以控制的。如果我们暂时停止哭泣，我们会怎么样呢？会感到悲伤的情绪减弱了吗？

（三）接纳自己的情绪

面对日常生活随处存在的情绪，要能接受，不苛求自己，不过于追求完美，以平常心面对自己情绪上的波动。对于那些必要的痛苦，我们要学会接纳它，与它和平相处。例如：不必因某事生气而担忧，不必因做错事而感到羞耻，不必因担心某事而感到不安。这些感觉都是自然的，我们应该允许自己有不同的情绪体验，主动接纳情绪。

(四)学会觉察自己的非理性认知

在我们的认知模式中,往往会存在一些不合理的信念和认知,这些认知来自我们成长和受教育的环境,是在我们成长的过程中潜移默化地被纳入自己的认知系统的,并且无意中影响着我们的思维和行为。通过检查非理性信念,用理性的认知观念替代和纠正非理性的认知观念,可以改善不适应的情绪和行为。

(五)具体调节情绪方法

(1)放松练习法。身心是彼此相互影响的,当你感觉会紧张、焦虑时,可以采用想象放松、肌肉放松、呼吸调节等来调节情绪。

(2)情绪宣泄法。情绪宣泄是将压制的情绪释放出来,改善情绪状态,以此避免负性情绪过于压抑。宣泄方式有倾诉、运动、呐喊、K 歌、写日记等。

(3)转移注意力。当你感觉难以从情绪状态中脱离出来时,可以让自己转移做些容易、有吸引力注意力的活动,比如看电影、参加活动、打球等等。

■ 六、培养积极情绪的方法

(一)真诚地生活

"阿尔卑斯山谷有一条汽车路,两旁景物极美,路上插着一个标语牌劝告游人说:'慢慢走,欣赏啊!'许多人在这车如流水马如龙的世界生活,匆匆忙忙地急驰而过,无暇回首流连风景,于是这丰富华丽的世界便成了一个了无生趣的囚牢。这是一件多么惋惜的事啊!"这一段文字,是著名美学家朱光潜先生《文艺心理学》缩写本《谈美》中的一段。朱光潜先生年轻的时候在英国和法国留学,当时他的生活陷入窘境,然而,心中充满着对美好未来的向往的他,还是长时间地待在图书馆里,大量阅读,勤奋写作,完成了一系列的著作。这告诉我们,要真正地从内心中感受到积极情绪,需要先慢下来,真诚地对待生活。当代生活的步伐毫不停歇,让我们不断地关注外界,远离了自己的内心。随着时间的推移,这种情况麻痹了我们的心。为了增加积极情绪,我们需要让自己慢下来,带着一种真诚的态度用心去看、去听、去感受,而不仅仅是用眼睛、耳朵和思维。这种减慢的速度会解开我们的积极情绪。为什么这么说呢?因为不能被感受到的积极情绪——没有在你的心中或你的身体内留下印记——是空洞的,它对你没有好处。这正是积极心理学和一般的成功学的根本差别。

（二）寻找积极的意义

积极心理学的研究发现，积极情绪的产生，不在于你的口号，而在于你的思维。你的思维反映了你是如何解释目前情况的，你从它们当中找到怎样的意义。因此提升你的积极情绪的一个关键途径就是，要在你的日常生活情境中更加频繁地找到积极的意义。当你将不愉快甚至是悲惨的情况以积极的方式重新定义时，你就提高了积极情绪。就像在寒风中等待过河的老人，是怨天尤人还是充满希望地寻找爱的力量，结局是完全不同的。正如面对贫困的朱光潜，没有沉沦，而是去研究发现美、研究美、传播美，并从中找到生活的意义。也就是说，生活的意义是我们赋予的。积极情绪源自从坏事情中找到好的方面，源自将消极的事物转变为积极的事物。当然，提高积极情绪的另一种策略是从好事情中寻找好的方面，将积极的事物变得更加积极。

（三）表达感激，感受善意

当你用语言或行动表达你的感激时，你不仅提高了自己的积极情绪，也提高了对方的。在这一过程中，你加强了他们的善意，也巩固了你们彼此之间的关系。当你感受对方的善意时，你常常会赞赏别人对你是如此的友善，这引起了你的感激之情。善意和积极情绪相辅相成。只要认识到自己的善意举动，就能够启动这种良性循环。发展一种眼光来欣赏你自己的善意只是一种心理转变，你会注意到它更多的方面。你能够通过增加你的善意举动，使你的积极情绪大幅提升。实验表明，有意识地增加你的善意可以提升你的积极情绪。

（四）利用你的优势

每天都有机会做自己最擅长的事情的人——凭借他们的优势行事——更容易拥有积极情绪。积极心理学最大的早期贡献之一是制定了一项基于 24 种个性优势对人们进行分类的调查——由塞利格曼本人带头，从好奇、正直，到善良、公正、谦逊和乐观。无论你是如何了解到自己的优势的——通过一项调查或是通过其他人的视角——你都可以从中提取出很多关于你的高峰的关键信息，然后以一种你能够更加频繁地应用你的优势的方法，来重塑你的工作或日常生活。一项研究实验对比了单单了解个人优势与了解并努力应用这些优势的效果差异，科学家们从这项工作中发现，来自了解自己优势的积极率提升是显著的，但却是暂时的。相比之下，来自寻找应用优势的新方法所产生的积极情绪提升,是既明显又持久的。

(五)与他人建立良好关系

调查发现,每个积极的人都与其他人有温暖和可信赖的关系,无论是与爱人、亲密的朋友、家人或同事。并且,与消极的人相比,积极的人每天花更多的时间与他们亲近的人待在一起,而很少独自待着。这可能部分反映了仅仅与他人在一起——无论你是否了解他们——是增加你的积极情绪的一个非常可靠的方法。有些科学家追踪了人们的日常活动和情绪;另一些科学家随机地把人们分成独自一人和与其他人在一起的对照组。结果很明显:人们通过与他人在一起,获得更多的积极情绪。

第四节　社会交往能力

案例导入

"我好想与人交朋友,为什么大家都不想和我说话?"这是小红求助心理老师时重复了好几遍的话。记得在上大一时,有一天宿舍的同学决定一起去吃拉面,唯独小红不同意:"拉面有什么好吃的,没吃过面条啊? 要去你们自己去,反正我不去。"长此以往,大家再有什么集体活动都不再叫小红了。

有一次,宿舍里面的小兰喜欢一个男孩,小兰和小红说到这个男孩时,小红头也不抬地说了一句:"这个男孩有啥好的? 个子矮,普通话还说得不标准,真佩服你的眼光!"小兰无语了。

渐渐地,宿舍里面的同学都不太喜欢和小红说话了,因为每次讲话总会被她"呲"回来。小红也发现不太对劲,有的时候她会主动跟别人说话,别人不是敷衍她几句,就是见她进门之后就躲开。没有一个人把她当成朋友,很多人见面也不和她说话。慢慢地,小红就发现自己处于一种被孤立的状态,为此感到非常烦恼。

学习目标

了解人际交往的内涵、原则,了解社会交往的影响因素

重点难点

掌握社交能力培养方法

一、社交能力的内涵

在《现代汉语词典》中，"社交"指社会上人与人的交际往来。"交往"指互相往来，"交际"指人与人之间的接触。"交往"、"交际"均来自于拉丁语的 communis，意思是"通常的"、"共同的"或"使共同"。"交际"和"交往"在英文中的对译词均是 communication，而 communication 一词又被译为"传播""交流""联络""通讯""交换"等不同概念。能力是指人们成功完成某种活动所必需的个性心理特征。张环认为社交能力是对个体表现于社会活动过程中并影响其社交实际效果的各种有关能力的总称。陆学勤认为社交能力即交际能力，指人与人之间在一定的社会情境下通过运用符号与手段来传递信息、交流情感时所应具备的个人特质和实际技能。

社交能力是一种综合能力，主要表现为以下几方面的能力：

（一）沟通和理解能力

沟通和理解能力，首先意味着一个人是否能够将自己内心的思想表现出来，还要让他人能够清楚地了解自己的想法。其次是理解他人的表达，并且很好地与他人沟通。一个人的沟通能力，也能直接地证明其社会适应的程度。

（二）人际融合能力

人际融合，是一种能力、一种智慧、一种艺术。人际融合能力不只是简单地体现在能否接纳世界、认同世界方面，它还是一个人的综合素质的反映。人际融合能力的强弱与一个人的思想品德、知识技能、活动能力、创造能力、处理人际关系能力以及健康状况等密切相连。与人融合，并非深不可测。一句真诚的话语，一次放松的谈心，一个会意的笑容或眼神，都可以换来健康、乐观、平和的心境，营造出宽松和谐的人际空间。关键是，你有没有不断学习、不断提高这方面能力的意识。

（三）情绪控制能力

根据情绪的变化，能够随机应变，有效地调整和控制自己和他人合作的能力。通过社会交往情绪的控制,可以让对方感知自己要表达的情绪,产生相同的情绪体验。积极的情绪表达向对方传达的是愉悦和肯定的信息,能使对方感到愉快,从而促进社会交往的和谐发展。因此,在社会交往中,情绪控制能力对行为起着重要的调节作用。

(四)认知和解决问题的能力

认知能力主要包括自我的认知能力、认识他人的能力和交往活动的能力。它是社会交往的前提和基础,决定学生干部的交往对象、方式和策略,协调个体在完成一项或一个方面的计划任务时要具备的宣传发动、指挥协调、团结带领的素质水平。在工作中化解矛盾时变分力为合力,变消极因素为积极因素,动员、组织、充分调动的积极性的能力。

■ 二、人际交往的原则

每个人渴望能与他人建立良好人际关系,希望社会交往过程中能有一些有益的指导。每个人的要求、期望、动机都有所差异,但是人际交往存在最一般的、共性的原则,这些有助于与他人建立并维持良好的人际关系。

(一)相互性原则

有研究发现,人际关系的基础是人与人之间的相互重视、相互支持。在与人交往过程中,我们希望获得别人的喜欢、肯定和接纳,但是如果过于强调别人对自己的接纳、喜欢,容易导致别人的反感,不利于人际交往的发展。让别人喜欢、肯定和接纳你,前提是我们能喜欢、肯定和接纳对方,任何人不会无缘无故地喜欢和接纳你。在一般情况下,喜欢我们的人,我们才去喜欢他们;愿意接近我们的人,我们才愿意去接近他。而对于疏远我们、厌恶我们的人,我们也会疏远和厌恶他们。

(二)功利性原则

霍曼斯认为,人与人之间的交往本质上是一个社会交换过程。只有当一种关系对人们来说是值得的,人们的交往行为才出现,人际关系才可以建立和维持。人际交往的行为是个体价值观选择的结果。如果倾向于建立和保持关系,一般对于自己是值得或者得大于失;然而不值得或者失大于得则会倾向于逃避、疏远或停止。

（三）自我价值保护

自我价值保护是指防止自我价值遭到否定的自我支持倾向。心理学研究发现，人际交往过程有明显的自我价值保护倾向。也就说，人际交往中，我们会接纳那些喜欢自己、肯定自己和支持自己的人，而对于讨厌自己、否定自己的则表现出排斥的倾向。

（四）诚信原则

交往离不开信用，言必信、行必果。在交往中不卑不亢，端庄而不过于矜持，谦虚而不矫饰诈伪；既不讨好位尊者，又不蔑视位卑者，充分显示自己的自信心，赢得别人的信赖。

（五）宽容原则

宽容表现在对非原则性问题不斤斤计较，能够以德报怨，宽容大度，并勇于承担自己的行为责任，做到"宰相肚里能撑船"。

三、人际交往的心理

（一）冲动心理

有时人的自制能力较弱，遇事容易冲动。如骑车相撞等，是大家都不愿意发生的，有时也很难断定谁是谁非，双方谦让一下就相安无事了，即使自己有理，也可以忍让一点，好言相对，然而往往一时冲动，气势汹汹，把事情搞糟。

（二）宽容心理

人与人之间坦诚相待、互通有无，有利于增进彼此友情，减少不必要的摩擦、冲突。但在和他人交流遇到意见分歧或对方有错误时，你是措辞生硬，直道其详，还是能站在对方的立场上考虑，委婉地让对方接受你的意见，会产生完全不同的效果。另外，培养幽默感也有助于缓和本来紧张的局面，几句俏皮话就能扭转一个窘迫的场面。

（三）封闭心理

大学生人际和谐的表现之一是乐于与人交往，然而有的人由于种种原因则形成不同程度的封闭心理，阻碍其正常人际关系的形成。有的是因为性格内向，情感冲动的强度较弱，外露表现不明显，被人误认为封闭。实际上他们是情感深沉，帮人能一帮到底；有的是整天忙忙碌碌，因为紧张的工作和繁重的家务所累，始终处于疲倦状态，自然也就很少有高涨的热情,只要紧张气氛松弛了,他们的热情一般能很快调动起来;有的则是因为心灵上的创伤所致。

四、影响社会交往能力因素

(一)交往语言素养

列宁曾指出:"语言是人类交际最重要的工具。"在交际过程中,使用恰当、准确,富有表现力又明白易懂得的语言,便意味着能取得相互理解。否则,就很难顺利沟通双方的思想和感情。交往的效果可能好,也可能差,这取决于人们之间的依赖和相互理解的程度,取决于是否采用最通俗易懂、对方易于接受的形式表达自己的思想和感情及相互关系的能力。当交往用口头语言时,交际素养表现为善于表述自己的思想和倾听别人的讲话,表现为富有同情心、能产生共鸣。

(二)道德修养

受过良好的道德教育与未受道德教育的人在交往中的表现明显不同。受过良好道德教育的人举止有礼,待人接物处理得当,且诚实、正直、善良,对集体和他人有强烈的责任感和义务感,很容易与他人友好相处,而没有受过道德教育的人待人接物表现较差,交往中处处为自己考虑,不关心集体和他人,不易"合群"。

(三)个人生活态度

每个人对生活的态度有差异,个性发挥重要作用。有的人性格开朗、活泼、乐观、随和,对生活充满积极的态度,这有利于与别人交往,建立和发展人际关系;反之,对生活持比较消极悲观的态度的人,与别人的交往容易遇到困难,甚至表现自闭,不愿与别人交往。

(四)父母个性的影响

父母是小孩第一任教师,儿童与父母的交往过程中受到父母的影响,学习或模仿父母的言行举止。如果父母热情开朗,善于交际,喜欢参加活动,能与周围人建立良好的关系,儿童逐渐养成与人们交往的习惯,也容易与人建立人际关系。相反,如果父母性格孤僻,不善于交际,很少与周围人来往,就使儿童失去学习人际关系建立、交往的机会。交往能力没有得到及时发展,会影响儿童心理健康的发展,容易形成人际交往自卑感,不敢与人交往,甚至变得很封闭。

五、提高社会交往能力的策略

(一)加强自我修养

人际交往是人与人之间相互选择与相互了解的过程。在交往的过程中,加强自身修养,充实自我,才能充分展示自身魅力和增强人际吸引力,不断提升自己的人格魅力。在人际交往中往往是充满自信、品德高尚、兴趣广泛的人能够得到更多的关注,也能够获得更高的支持度,人际关系也更加融洽。

(二)培养良好的个性

性格是一个人心理特征的外在表现,是在一定的成长氛围、生活环境以及教育影响下逐步形成的。性格可以体现出一个人对客观事物的态度,也可以体现出一个人的道德品质。如果有不良品质,即使交游很广,也难有知心朋友;相反,如果你具有促进人际吸引的优秀品质,就容易被别人引为知己。在社会交往中,真诚、友善、热情、乐观的人往往更受欢迎,也能够得到更多人的喜爱和仰慕。

(三)良好的表达能力

社交口才要做到适时、适量和适度,说在该说时,止在该止处,声音大小适量。根据不同对象把握言谈的深浅度,根据不同场合把握言谈的得体度,根据自己的身份把握言谈的分寸度。最后,体态语也要恰到好处。

(四)赞美别人的优点

用积极、肯定、支持、建设性的眼光看待四周的人们,善于发现并赞美别人的优点,必要时适当恭维一下,愉快接受别人的批评和建议。当被触伤感情后,仍能心平气和地交往。触伤他人感情后,能及时向人道歉。当有人不同意你的观点、见解时,不必强迫他人接受或感到烦恼。自己有错时,要勇敢地承认自己的错误。在交谈时让别人把话讲完,再表达你的意见。别人讲话时留神倾听。

(五)学会倾听

专注对方,不能三心二意、敷衍了事;在无爱好的话题中,找出有意义的东西;倾听时不要有先入为主之见,听完后再找出主题和要点。另外,运用非语言形式来进行人际沟通也是提高人际交往技能的一种方式。有时候,一个眼神,一个手势,一个微笑就可以拉近人与人之间的距离。

(六)掌握一定的人际交往技巧

掌握一定的人际交往技巧有助于提高自己的处世能力。人与人之间的交往不是随心所欲的,而是有一定目的,并运用一定方法进行交往的。交往方法越好,人际关系越容易维持紧密。比如,记住别人的姓或名,主动与人打招呼,称呼得当,让别人觉得被礼貌相待、倍受重视,给人以平易近人的印象。培养幽默风趣的言行,幽默而不失分寸,风趣而不显轻浮,给人以美的享受。与人交往要谦虚,待人要和气,尊重他人,否则事与愿违。

六、社交能力评定

人际交往能力量表

下列 30 道人际交往能力测试题,请根据下列的叙述选出符合您目前实际情况的描述。符合者打 2 分,基本符合者打 1 分,难以判断者打 0 分,基本不符合者打—1 分,完全不符合者打—2 分,最后统计总得分。

1.我上朋友家做客,首先要问有没有不熟悉的人出席,如果有,我的热情就明显下降。

2.我看见陌生人常常觉得无话可说。

3.在陌生的异性面前,我常感到手足无措。

4.我不喜欢在大庭广众讲话。

5.我的文字表达能力远比口头表达能力强。

6.在公共场合讲话,我不敢看听众的眼睛。

7.我不喜欢广交朋友。

8.我要好的朋友很少。

9.我只喜欢与谈得拢的人接近。

10.到一个新环境,我可以接连好几天不讲话。

11.如果没有熟人在场,我感到很难找到彼此交谈的话题。

12.如果要在"主持会议"与"做会议记录"这两项工作中挑一样,我肯定是挑后者。

13.参加一次新的集会,我不会结识多少人。

14.别人请求我帮助而我无法满足对方的要求时,常感到很难对人开口。

15.不到不得已,我绝不求助于人,这倒不是我个性很强,而是感到很难对人开口。

16.我很少主动到同学、朋友家串门。

17.我不习惯和别人聊天。

18.领导、老师在场时,我讲话特别紧张。

19.我不善于说服人,尽管有时我觉得我很有说服别人的理由。

20.有人对我不友好时,我常常找不到恰当的对策。

21.我不知道怎样与嫉妒我的人相处。

22.我同别人的友谊发展,多数是别人采取主动态度。

23.我最怕在社交场合中碰到令人尴尬的事。

24.我不善于赞美别人,感到很难把话说得自然亲切。

25.别人话中带刺讽刺我时,除了生气外,我别无他法。

26.我最怕做接待工作、同陌生人打交道。

27.参加集会,我总是坐在熟人旁边。

28.我的朋友都是同我年龄相仿的。

29.我几乎没有异性朋友。

30.我不喜欢与地位比我高的人交往,我感到这种交往很拘束很不自由。

评分标准:得分越低,社交能力越强;得分越高,人际交往能力越低。30分以上,应该承认,你的社交能力是相当差;0~30分之间,说明你的社交能力较差;-20~0分之间,意味你的社交能力还可以;低于-20分,那么应当祝贺你,你是一个比较善于交往的人。

第七章　求职与面试

第一节　求职信息的收集

案例导入

　　小孙来自农村,在某工科院校读书。刚进大学时他就看见师兄、师姐和高年级的老乡们为找工作辛苦奔波的情景,他也暗暗为自己的将来着急。因为他知道父母能供他读大学已属不易,将来工作只有靠自己。从大二开始,小孙就有意识地收集求职方面的资料。有一次,一位即将毕业参加工作的老乡在临别时,将一些介绍用人单位的资料、发布就业信息的报纸、就业指导方面的刊物和一本就业指导书送给小孙。小孙利用课余时间把资料翻了一遍,对有关的求职知识和技巧做了大概的了解。他还细心地把用人单位的通信地址、网址和联系方式用一个小本子抄下来,准备将来派上用场。

　　从那以后,一有师兄、师姐和老乡毕业,他就主动向他们索取有关求职就业方面的资料,并请他们找到工作后多提供有关信息。平时,学校就业指导中心发布的就业信息他每期必看,并将用人单位的有关信息抄在小本子上。

　　两年来,这些信息汇集成厚厚的一大本。从对这些信息分门别类的整理中,他了解到哪些单位是学校主要用人单位,哪些地区需要的毕业生较多,他对自己以后的求职充满了信心。

　　大四第一学期,小孙就不动声色地忙开了。他先是给一些在上海工作的师兄、师姐和老乡们打电话,请他们提供本单位本年度的需求信息;然后,他去班主任家,留下了自己的两份自己材料;最后,他到校就业指导中心查询学校本学期就业工作的安排和即将举行的各地人才交流会的信息。做完这些之后,他又根据自己收集的过去两年的人才需求信息,对学校的主要用人单位需求情况做了一番分析和预测,找出今年有可能需要他这个专业毕业生的用人单位,就发一封求职信过去。

春节前,各种渠道的信息慢慢地反馈回来。出乎他的意料,同时有 7 家单位愿意接收他,许多单位都对他如此熟悉本单位的情况惊讶不已。小孙最终选择上海一家自己满意的公司,并决定先去那儿实习。就这样,当其他毕业生还在毫无头绪、忙着收集信息的时候,他已计划着怎样才能迈好走向社会的第一步。

学习目标

学会收集求职信息,掌握求职信息收集的渠道

重点难点

求职信息收集的渠道

求职信息的收集是求职者进行求职的基础。求职信息的数量、质量和使用效率都直接关系到求职的结果。因此,求职者在求职过程中,首先要关注的便是信息的收集和处理问题。如果能够及时获取信息并有效处理,就能获得求职的主动权。

一、信息获取的意义

随着信息时代的到来,信息在我们生活中的地位越来越重要,就业竞争在一定程度上可以看作是拥有信息能力的竞争。在求职过程中,大部分的求职者能够意识到信息的重要性,及时抓住信息,把握就业机会,也有部分求职者闭目塞听、缺乏信息,一味拿着自荐材料四处乱碰,还有的求职者由于信息不够全面,在没有找到最适合自己的工作时就草率决定,签约后又后悔不已。求职是否顺利,不仅取决于自身的专业、能力和学历等,还取决于是否拥有有效的信息。

(一)求职信息是求职的基础

求职信息是通往用人单位的桥梁,随着毕业生就业工作的逐步市场化,用人单位与求职者的双向选择关系愈益强化,通过政府职能部门进行人才分配早已成为历史。对毕业生而言,如果不能拥有准确有效的求职信息,就无法把握就业的主动权,顺利走向社会、实现职业理想将变成一句空话。

(二)求职信息是就业决策的重要依据

求职者要想使自己的就业决策具有科学性,就必须要保障求职信息的质量。在主要关注用人单位信息的同时,也要适当了解国家的就业方针、各个地方及行业的就业政策、自己所属院校的就业细则等,如果这些信息的获取量不足,毕业生在进行就业决策的时候,其科学性、合理性就要大打折扣。

(三)求职信心是顺利就业的有效保证

如果求职者依据所拥有的求职信息,经过筛选比较后确定了目标,那么最终所要面临的就是求职面试。对于求职者而言,要想顺利通过面试关,首要一点是必须对用人单位的情况有一定程度的了解,这是对求职信息深度上的要求。如果在单位面试过程中,只抽象地表明求职的意愿,而对企业的经营方式、产品结构、市场行情及以往的历史和今后的发展一无所知,不能讲自身优势与企业发展相结合,那这样的面试结果可想而知。当然,就业成败涉及的因素是多方面的,把握就业信息的深度只是其中的一个条件。

二、信息收集的内容

求职者需要收集的求职信息,主要有两大类,一类是宏观就业信息,即国家社会经济发展和人才供求状况、方针政策等;另一类是微观就业信息,即各用人单位具体的人才需求信息。对于用人单位的信息,要了解到位,不能模棱两可,很多信息都不容忽视。

(一)用人单位的需求信息

首先,要关注用人单位的人才需求信息,这也是大部分求职者通常关注的部分。要了解用人单位到底有什么岗位需要招纳人才,在生源、学历、技能、经验、性别等方面都有什么样的要求和规定,这个岗位是否适合自己等。如果岗位要求与自己的能力不匹配,而且与自己的兴趣相差甚远,那就不用考虑了。同时,了解基本的岗位信息,对于应聘者准备材料也有指导作用。求职者可以根据自己的岗位需求,突出自己与岗位相匹配的能力特长,辅以相关材料证明自己的实力,以提高应聘成功的概率。

(二)用人单位的基本情况

在对岗位有了一定的了解之后,可以进一步对单位做一个整体熟悉。

1.工作环境和时间

对于工作单位的地理位置、工作环境以及岗位所要求的工作时间要清楚。工作环境是否符合《劳动法》规定的劳动保护条件,工作是否需要经常出差、加班,节假日是否能正常休息等。虽然从短期来看,地理位置并不是十分重要,但如果想在一家单位长期发展,这就是不得不考虑的问题。当然,目前的求职市场竞争十分激烈,求职者最好不要对工作地点和环境过分挑剔。但无论怎样,对目前的选择多一点考虑总是会让自己有更多的准备。

2.薪酬福利待遇

对于薪酬部分,要关注单位给予薪酬的范围,是否会有五险一金,是否有其他福利,薪资的基础和绩效部分如何计算,是否有附加条件,行业内同等职位的薪酬大致是什么水平,权责利是否对应等。诸如此类的问题都可以在信息收集时多做了解,以免到最后谈合同的时候,才发现公司给予的薪酬福利水平是自己不能接受的,那之前付出的时间和精力都将付诸东流。

三、获取信息的渠道

就业信息的搜集渠道非常多,每种渠道都有各自的特点,毕业生要善于利用各种渠道搜集、整理信息。信息搜集渠道的选择并不重要,重要的是能搜集到真实可靠、确实对自己求职择业有帮助作用的就业信息。常见的就业信息搜集渠道主要有以下几种:

(一)学校就业指导机构

通过学校就业指导机构所获得的信息针对性较强,且有时效性。用人单位一般都是在掌握了各校的专业设置、生源情况和教学质量等信息后,才会有目的地向学校发出需求信息,因此,这些信息完全是针对应届毕业生的甚至是专门对该校毕业生的用人信息。而为了对毕业生负责,在把用人单位的需求信息传达给毕业生之前,学校就业指导中心一般要先对信息进行审核,以保证信息的真实可靠性。

此外,学校就业指导中心还会根据上级有关部门的精神和指示,发布各种新的就业政策和规定,大学生可以通过本校就业指导中心了解本年度当地就业的动态变化及各种就业信息资料。

（二）人才中介机构

人才中介机构的主要工作内容就是收集、发布人才供求信息，传递人才余缺信息，办理人才交流登记，为用人单位招聘人才和为个人求职做好中介服务和管理工作。中介机构属于横向收集信息的渠道，通过社会劳动力市场获得的信息量大，且行业范围涵盖很广，包括各省市区县所建立的劳务市场和人才交流中心。

但需要注意的是，因为有的机构名不符实，有的纯以经济利益为目的，还有的甚至专门利用毕业生求职心切同时又缺乏社会经验的弱点，设置招聘陷阱来坑骗学生，使一些大学生非但没找到工作还上当受骗。大学生们平时不妨多看一些报纸和电视，多关心一些社会新闻，增加自己的社会经验，在遇到事情时要多思考，防止上当受骗。需要到人才中介机构求职的话，一定要多留个心眼，最好是到政府办的公益性职介机构去找工作。

（三）传统媒介

广播、电视、报纸、杂志等新闻媒介深受招聘机构和求职者的喜爱，各种媒体都会以定期或不定期的形式提供人才供求信息。通过这些媒介的广告宣传，求职者可以掌握人才需求的动态，了解到用人单位的工作性质、所需人才的条件和工作待遇等。这种渠道发布的就业信息传播广、速度快、信息量大，择业机会容易发现。

但是应该注意在收集信息时，选看那些正规的招聘类报纸，而应尽量少看那些不太负责任的小报或免费的招聘广告。因为正规报纸的广告版收费不菲，且有比较严格的审查手续，也会承担一定的法律责任。

（四）互联网络

目前，网上招聘也逐渐成为一种潮流。越来越多的用人单位和职业介绍机构也开始选择在网上发布招聘广告或提供人才供求信息。大学生搜集求职信息的主要网站一般有专业求职网站、用人单位网站和门户网站的求职频道三类。

（五）社会关系网络

个人的社会关系网络对于毕业生求职信息的搜集来说，也是非常重要的一种途径。通过自己的家庭成员、亲戚、朋友、熟人、邻居、老师及校友等社会关系.来了解自己感兴趣的或者专业对口的职业情况，获取信息并建立一个就业信息关系网络，这对于一个刚踏上求职门槛、对社会分工与职业状况不甚了解的大学生来说，是非常有效的。

大学生还需要定期与自己关系网络中的每一个成员保持联系,甚至是自己找到了工作之后,还可以把自己的就业信息网络转换成职业参考网络,并贯穿于自己职业生涯的始终,为自己的职业发展提供不间断的、有益的外部支持和帮助。

(六)社会实践与教学实习

学校的社会实践和教学实习等活动,与学校所学专业知识紧密联系,有利于学生开阔视野,更有利于学生接触社会、体验职业,使他们真正了解各种单位的情况、对人才的需求状况和具体的要求,而且信息准确可靠。实习是学生自我开发职业信息、推荐自我的一个绝好的场所,如果能够把握住实习这一难得的机会,通过自己的努力赢得用人单位的好感和信任,就可以取得就业信息甚至直接谋得工作机会。因此,大学生要充分利用社会实践或实习的机会来开发自我的职业信息。

四、就业信息的处理与利用

通过各方面的渠道收集就业信息后,面对林林总总的就业信息,还需要进一步进行筛选过滤,结合自身的实际情况,有针对性地进行整理和分析。过滤掉无效的、过时的甚至是虚假的信息,使之更好地、更有效地为自己的求职服务。所以,在充分获取信息之后,大学生不要急于求职,而是要根据自身的情况,认真地分析这些信息,有选择地参加应聘活动。

(一)就业信息的收集处理

大学生可以通过以下几个步骤对所获取的信息进行分析处理,以获得真正有利于自己、符合自己职业目标和方向的就业信息。

1.就业信息的真伪辨识

目前关于人才需求的信息非常多,求职者对收集来的就业信息首先要判别其真实可靠性。一般来说,真实可靠的招聘信息都是经劳动、人事部门核准的,或通过高校就业指导中心向毕业生发布,或由人才市场电子信息屏及招聘信息橱窗公开发布,或在正规报刊、广播、电视、网站等媒体上发布。但也不能因此就认为报纸上、网络上的信息肯定是可靠的,或朋友介绍的就没有可疑之处。遇到自己认为很重要的信息,在求职前一定要先打听清楚它的来龙去脉,通过自己能想到的各种办法去证实它的真实性,以免上当受骗。特别是沿街四处张贴的招聘小广告,招聘条件过于诱人的、素不相识的人和从未主动联系过的单位主动提供的就业机会更应警惕。

2.就业信息的整理

就业信息内容很广,要有目的地去收集,避免收集范围过大,浪费时间和精力。对收集后的信息经过去伪存真、去粗取精式的筛选后,要作进一步的整理。首先对就业信息进行分类。就业信息涉及的范围很广,有的是关于就业方针、政策方面的信息,有的是与自己所学专业有关的信息,有的是关于用人单位需要人员的素质要求方面的信息等等。其次要对信息进行重要性排序。将所有自己感兴趣的真实信息由重要到次要作一个排序,从中选取对自己最重要的信息认真加以分析,而一般的信息则仅供自己参考。这样有利于发现就业信息的准确性、全面性和有效性,有利于大学生明晰求职的重点目标和具体方向,从而更好地为自己的择业服务。

(二)就业信息的利用

就业信息的收集处理过程,实际上就是一个将社会的职业与自我进行匹配的过程。对经过自己的思考而整理出来的有效信息,大学生要学会合理、充分地利用,这样才能把信息的价值转换成实实在在的成功择业收益。就业信息的利用主要考虑以下几点:

1.注意信息的时效性

就业信息一般都有时间限制。大学生在搜集就业信息时,应特别注意信息是否公布了招聘日期。如有,则应该在规定的时间内应聘。一旦看准就要有所行动,及时向信息发出者反馈信息,以便把握良机,找到自己真正心仪的职业。

2.把握胜任和难度原则

在初次就业时,大学生往往不能正确定位,过分注重就业信息中提供的薪资与职位。有的毕业生认为只有高薪与高职才能体现自己的价值,因此而放弃一些其他条件不错但薪、职比较一般的就业信息。

其实,作为一个刚毕业的大学生,首先要立足、让单位接纳自己,这样才能找到一个表现的平台展示自己的实力。是金子总会发光的,如果选择了自己不能胜任的工作,工作起来会力不从心,也易因压力过大而产生挫折感;但如果选择难度过低的职业,时间一长,又往往会因工作的单调乏味和无法体现个人价值而失去积极性和创造性,进而丧失工作的兴趣。因此,要学会客观地分析所搜集的就业信息,正确对待自己和工作,既要考虑今后自身的发展,也要从实际出发。

3.灵活运用信息

"专业对口"往往是用人单位与毕业生双向选择中的共同标准,这可以使个人更容易发挥专业特长,避免所学专业资源的浪费。但这并不是绝对的,有很多成功人士都是半路出家从事某项职业的,专业与个人的职业潜质并不等价。因此,用人单位虽然对所需求的人员有一定的要求,但也并非是一成不变的。在就业信息面前,大学生需要冷静地认真分析自己的优劣,不要因某个次要条件达不到用人单位的要求而轻易放弃,应该相信自己的实力,去努力尝试和争取,可能会有意外的收获。

第二节　求职材料的准备

案例导入

武汉某职业学校应届毕业生小陈在一次应聘时,本来是很有希望的,但由于他的简历外观不整洁而失去了心仪的工作岗位。

参加招聘会的那天早上,小陈不慎碰翻了水杯,将放在桌上的简历打湿了。为了尽快赶到会场,小陈只将简历简单地晾了一下,便和其他东西一起,匆匆塞进背包。

在招聘现场,小陈看中了一家深圳房地产公司的广告策划主管岗位。按照这家企业的要求,招聘人员将先与应聘者简单交谈,再收简历,被收简历的人将得到面试机会。

招聘人员问了小陈几个问题后,便向他要简历。小陈受宠若惊地掏出简历,这才发现,简历上不光有一大片水渍,而且放在包里一揉,再加上钥匙等东西的划痕,已经不成样子了。

小陈努力将它弄平整,递了过去。招聘人员的眉头皱了皱,还是收下了。那份折皱的简历夹在一叠整洁的简历里,显得十分刺眼。

3天后,小陈参加了面试,表现非常活跃,无论是现场操作,还是为虚拟的产品做口头推介,他都完成得不错。身为学校戏剧社骨干社员的他,还即兴表演了一段小品,赢得面试负责人的啧啧称赞。当他结束面试走出办公室时,一位负责的小姐告诉他:"你是今天面试中最出色的一个。"

然而,面试过去一周了,小陈仍然没有得到回复。他急了,忍不住打电话向那位小姐询问情况。小姐沉默了一会,告诉他:"其实招聘负责人对你是很满意的,但你败在了简历上。老总说,一个连简历都保管不好的人,是管理不好一个部门的。你应该知道。简历实际上代表的是你的个人形象,将一份凌乱的简历投出去,有失严谨。"小陈大悟。

从此,小陈变得谨慎起来。他深切感到,决定人生成败的,有时只是一个小细节。

学习目标

了解求职材料的概念,理解书写自荐信和个人简历的写法

重点难点

掌握自荐信、个人简历的写法

就业材料是毕业生在求职过程中,为了择业成功而准备和使用的各种书面材料。由于用人单位最初是通过求职材料来了解求职者的,所以求职材料的质量对于用人单位是否决定与该求职者作进一步的接触非常重要。求职材料一般包括求职信、个人简历、就业推荐表和各种证明材料。就业材料准备的原则是突出特色、专业性与职业性相统一、要有诚信,求职材料注水、弄虚作假只会适得其反。

一、求职信

求职材料也称求职信或推荐信,它是求职者以书信的方式自我举荐、表达求职的愿望、陈述求职的理由、提出求职要求的一种信函。通过它,求职者向用人单位展示自己适合该工作岗位的知识水平、工作能力、人格魅力,从而建立起与用人单位之间的密切联系,为择业的成功打下基础。

(一)求职信的主要原则

1.特殊性

求职信是求职者写给招聘单位的信函。它不同于写给朋友的信函,也不同于公事公办的公文函。求职信所给的对象很难明确,也许是人事部一般职员,也许是部门经理,如

果你对老板比较了解的话可以直接给老板。当然,如果你根本就不认识招聘单位的任何人,求职信最好写上"人事部负责人收"较妥。

2.简明扼要

求职信是自我表白,其目的和作用是要让人事主管看,因人事主管有太多的求职信函要看,因此要简明扼要。

3.拉近距离

求职信起到毛遂自荐的作用,获得面试机会多一些。好的求职信可以拉近求职者与人事主管(负责人)之间的距离。

4.留下良好的第一印象

为了有一个最好的第一印象,你必须了解写好求职信的要旨,注意写求职信的主要规则。有人认为没必要花太多精力写求职信,因为根本没人会读它们。的确,人力资源的招聘人员或猎头公司没时间既读履历又读求职信,所以他们直奔履历。另一些招聘人员对无聊的求职信不感兴趣,大感头痛,不想再读。然而,许多雇主仍然通过求职信建立求职人员的第一印象,因为求职信会显示你的简要经历和资历、你的职业化能力、你的性格要素,以及通过求职信中有无错误看出你是否注重细节。所以,求职信会替你给对方建立起一个很深刻的第一印象。

(二)求职信的结构

求职信通常一页长,有开头、中间部分和结尾。首先是介绍你的身份和写信目的,接着写出或推销你的优势或长处,在结尾处你建议下一步的行动。这三部分的内容一般占三或四段,但不必死守规则,可灵活运用。

1.开头

开头部分要交代清楚你是谁,你为什么写此信或你对此公司的了解程度。在"你是谁"部分,简单介绍一下你自己,只要把最重要、也是与未来雇主最有关的信息写清楚就可以了。

只要你写清楚谋求的职位或职业目标,并且告诉他们你对此企业了解的情况,你还可以告诉他们你获得该用人信息的渠道。

2.自我推销

在这一部分,要直奔主题目标就是阐述你可以被雇佣的理由,最好先总结你的资历,然后再列举具体实例、获得过的成就或奖项,以及自己的技能等。

3.客套话

在这部分里,你要对该单位赞赏一番,让他们知道你很愿意在该单位服务,你可以提一提该单位的名声、销售成绩、公司文化、管理宗旨或任何使他们感到骄傲的东西。雇主们通常想知道为什么它们是你的选择目标,而不是你一下发了许多求职信中的单位中的普通一个。对每一个单位,你要用不同的客套话,以表达你对他们单位有所了解。

4.进一步行动的要求

一些人认为此部分是求职信的结尾部分,其实不然。结尾部分不仅仅只是对你的雇主花时间读你的信表示感谢,还是开启另一扇门的地方,这里你可以建议如何进一步联络,或打电话或发邮件。最重要的是你以积极肯定的语气结束,并主动采取行动。

(三)求职信的撰写技巧

成功的求职信应该表明自己乐意同将来的同事合作,并愿意为事业而奉献自己的聪明才智。要写好一封令人满意的求职信,必须注意以下几点:

1.字迹整洁,文字通顺

如果你的文笔流利,字又写得漂亮,这首先从门面上就压倒其他竞争对手,并且能够把你的工作态度、精神状况、性格特征介绍给对方,加上你的求职条件,就能够使你在众多的求职者中取胜。事实上,工整的字体使人心情舒畅,潦草的字迹令人生厌,这也是我们每个人都体验过的感觉。为了达到你的求职目的,就应该将你的求职信书写工整,让人一目了然、赏心悦目。

2.简明扼要有条理

用简练的语言把你的求职想法以及个人特点表达出来,切忌堆砌辞藻。因为求职信的读者大都是单位负责人,他们不会把很多时间浪费在阅读冗长的文章上。求职信不是你显示文学才华的地方,最好用平实、稳重的语气来写。有些大学毕业生想卖弄文采,想办法堆砌华丽时髦的辞藻,结果反而弄巧成拙,使人反感。因此,写求职信要开门见山、简明扼要,切忌套话连篇,空话满纸。求职信不在于长,而在于精,精在内容集中、明确,语言凝练明快、篇幅短小精悍上。

3.要有自信

先想好自我推销的计划再下笔。不论你是从报纸上看到的招聘广告,还是从亲友那里得来的信息,都要说明自己的立场,以便能让读信者印象深刻。写开场白之前一定要深思熟虑,如果气势不足,一开始自然就没有吸引力。应按写一则新闻导语或是拟广告词的态度来对待。

4.富有个性,不落俗套

书写一封求职信,正如精心策划一则广告,不要拘泥于通俗写法,要立意新颖,以独特的语言及多元化的思考方式,给对方造成强烈的印象,引人注意,并引起兴趣。一封求职信,无论内容多么完备,如果吸引不了对方的注意,则一切枉然;对方如果对你的陈述不感兴趣,则前功尽弃。

5.确定求职目标要实事求是

一个人对求职目标的确定也并不是一件容易的事情,一定要符合人才市场的供求规律和竞争法则,摆正自己的位置,确定合理的目标,提高求职的成功率。

6.少用简写词语,慎用"我"字

平时你与人交谈时,可能习惯简称自己的学校或所学的学科专业,但在求职信上不要用简称,因为用人单位的领导不一定都了解你的学校或专业的简称,往往容易使他们因不明白而产生误解。另外,多处简写,有时还全使人觉得你做事不能脱离学生本色,或认为你态度不够慎重,从而影响录用。此外,在求职信中需要用"我觉得"、"我看"、"我想"、"我认为"等语气来说明自己的观点时,要格外慎重,不要给用人单位留下自高自大、思想不成熟的感觉。

7.突出重点

求职信要突出那些能引起对方兴趣、有助于获得工作的内容,主要包括专业知识、工作经验、自身特长和个性特点等。有一点要特别注意,在介绍专业知识和学历时,切忌过分强调自己的学习成绩。许多人,特别是刚出校园的学生容易产生一种错觉,以为社会上也和学校一样,重视学习成绩,认为只要学习成绩优秀就会谋到一份好职业,甚至为自己全优成绩而沾沾自喜,这是不成熟的表现,很容易导致求职失败。因为以自己的学习而夸夸其谈,只能给人以幼稚和书生气十足的感觉。用人单位重视的是经验和实际能力,所以应一般地写知识和学历,而重点突出工作经验和能力。

8.建立联系,争取面试,不提薪水

在求职信中,不要提薪水的具体数目。求职信所要达到的目标是建立联系.争取面谈的机会,此时谈钱为时尚早,以后会有更适当的场合,更何况薪水的数目并不是你选择职业的主要因素。如果同时有两个职位,其中低薪的那个职位更有利于今后发展,那么应当毫不犹豫地选择它。这种例子在应聘者中比比皆是。在求职信的最后,要特别注意提醒用人单位留意你附加的简历,并请求给你回音,以争取能够建立下一步的联系,获得面试的机会。

9.以情动人,以诚感人

写求职信也要有感情色彩,语言有情,会更有利于交流思想,传递信息,感动对方。

(四)求职信的书写格式

1.称呼

写求职信也要有感情色彩,语言有情会更有助于交流思想。

求职信的称呼与一般书信不同,书写时须正规些,如果写给国家机关或事业单位的人事部门负责人,可用"尊敬的××处(司)长"称呼;如果是"三资"企业首脑,则用"尊敬的××董事长(总经理)先生";如果是各企业厂长经理,则可称之为"尊敬的××厂长(经理)";如果写给院校人事处负责人或校长的求职信,可称"尊敬的××教授(校长、博士、老师)"。求职信不管写给什么身份的人,都不要使用不正规的称呼。

2.正文

求职信的中心部分是正文,形式多种多样,但内容都要求说明求职信息的来源、应聘职位、个人基本情况、工作成绩等事项。首先,写出信息来源渠道,如:"得悉贵公司正在拓展业务,招聘新人,且昨日又在《××商报》上读到贵公司的招聘广告,故有意角逐营业代表一职。"如果你的目标公司并没有公开招聘人才,即你并不知道他们是否需要招聘新人时,你可以写一封自荐信去投石问路。其次,在正文中要简明扼要地介绍自己与应聘职位有关的学历水平、经历、成绩等,令对方从阅读完毕之时就对你产生兴趣。但这些内容不能代替简历,较详细的个人简历应作为求职信的附录。最后,应说明能胜任职位的各种能力,这是求职信的核心部分。目的无非是表明自己具有专业知识和社会实践经验,具有与工作要求相关的特长、兴趣、性格和能力。总之,要让对方感到你能胜任这个工作。在介绍自己的特长和个性时,一定要突出与所申请职位有联系的内容,千万不能写上那些与职位毫不沾边的东西。

3.结尾

一般应表达两个意思，一是希望对方给予答复，并盼望能够得到参加面试的机会；二是表示敬意、祝福之类的词句，如"顺祝愉快安康"、"深表谢意"、"祝贵公司财源广进"等，也可以用"此致"之类的通用词。最重要的是别忘了在结尾认真写明自己的详细通信地址、邮政编码和联系电话，如果让你的亲朋好友转告，则要注明联系方式以及联系人的姓名以及与你的关系，以方便用人单位与之联系。

4.署名

按照中国人的习惯，直接签上自己的姓名即可。

5.日期

求职信的最后要注明日期。

二、个人简历

（一）个人简历的原则

个人简历是开启事业之门的钥匙，正规的简历有许多不同的样式，切勿写成详历。撰写简历还要坚持以下三项基本原则：

1.要有重点

一个招聘者希望看到你对自己的事业采取的是认真负责的态度。不要忘记雇主在寻找的是适合某一特定职位的人，这个人将是数百名应聘者中最合适的一个。因此，如果简历的陈述没有工作和职位重点，或是把你描写成一个适合于所有职位的求职者，你很可能将无法在任何求职竞争中胜出。

2.把简历看作一份广告，推销你自己

最成功的广告通常要求简短而且富有感召力，并且能够多次重复重要信息。你的简历应该限制在一页以内，工作介绍不要以段落的形式出现；尽量运用动作性短语使语言鲜活有力；在简历页面上方写一段总结性语言，陈述你在事业上的最大优势，然后在工作介绍中再将这些优势以工作经历和业绩的形式加以叙述。

3.陈述有利信息，争取成功机会

面试阶段所进行的简历筛选的过程就是一个删除不合适人选的过程。如果你把自己置身于招聘者的立场就会明白：招聘时每次面试都需要较长时间，因此对招聘者来说，进入面试阶段的应聘者人数越少越好。招聘者对理想的应聘者的要求；相应的教育背景、工作经历以及技术水平，这会是应聘者在新的职位上取得成功的关键。应聘者应该符合这些关键条件，这样才能打动招聘者并赢得面试机会。同时，简历中不要有其他无关信息，以免影响招聘者对你的看法。

另外，最好附有你的近期照片。不一定要求有多大多好的相片，至少要保证有一张一寸相片附在简历上。图文并茂不但是好简历的有效格式，也可以直观地让人事经理了解你。很多人甚至推出写真集附在简历上，这就显得有些过了。适合的个人能力和适合的外貌虽能打动人，两者缺一不可。

（二）个人简历的主要内容

个人简历是求职者重要的工具之一，是概括介绍个人基本情况，并对自己的技能、成就、经验、受教育程度、求职意向等做简单总结的材料。个人简历主要包括以下内容：

1.个人基本情况

这部分应列出自己的姓名、性别、年龄、籍贯、政治面貌、学校、系别及专业、婚姻状况、健康状况、身高、爱好与兴趣、家庭住址、电话号码等。

2.学历情况

这部分应写明曾在某某学校、某某专业或学科学习，以及起止时间，并列出所学主要课程及学习成绩，在学校或班级所担任的职务，在校期间所获得的各种奖励和荣誉。

3.能力情况

这部分要反映出自己的职业能力，这是对自己在工作、生活及个人兴趣发展方面所具备的知识、能力的综合反映，是胜任应聘职位实力的体现。展现个人能力时，要务实，不要务虚，不要讲言无实证的空话。要反映出自己的实践活动和社会工作经历，在学校承担的社会工作、组织和参与的实践活动、假期社会实践活动或短期打工的工作经历，以使用人单位了解和掌握你的组织能力、领导能力、团队精神等。若有工作经验，最好详细列明，先列出最近的资料，后详述曾工作的单位、日期、职位、工作性质。

4.求职意向

求职意向即求职目标或个人期望的工作职位，表明希望得到什么样的工种、职位以及自己的奋斗目标，可以和个人特长等合写在一起。需要注意的是，即使同一职位，不同性质的公司也会有不同的要求,如外企更重视英语和学校,中国公司则看重专业和户口。所以,个人简历不能以不变应万变,而要有具体的针对性,在实事求是的前提下,应有不同的简历来突出不同的内容,文字正确,防止出现错别字;数据正确,且不要过多地罗列数据,具有争议的数据和文字不要轻易用在简历上。

大学毕业生应该在实事求是的前提下,将自己的真实情况充分展现出来,力求有吸引力,同时又不令人反感或误解。

除了以上材料,毕业生还需要根据自己的情况附加其他必要的证明材料,比如各种荣誉证书、比赛获奖证书、外语等级证书、计算机等级证书以及其他各类资格证明等的复印件。

第三节 求职的心理准备

案例导入

一个即将毕业的大学生的自述:"转眼就要毕业了,我很担心自己找工作的事。平时成绩不是很好,又没有什么'关系',找不到一份好工作,对辛辛苦苦供自己念大学的父母来说有点残忍。考研吧,家里又没有钱。自从实习后,我就很茫然,看着同学们都在忙着写自荐材料、联系单位,我都不知道自己到底该干什么,课也不想去上,没事情的时候就在街上瞎逛,走在路上也总是一副失魂落魄的样子。我知道自己现在的状态很不好,可是又实在没有办法。"

学习目标

熟悉几种常见的就业心理

重点难点

掌握就业心理调适方式

在大学生思考就业或面对就业压力、寻找就业机会的过程中,总有或充满美好憧憬,或紧张不安，或烦躁压抑，或信心十足，或失落彷徨的情绪状态，我们称之为就业心理。求职中，出现功利心理、安全心理、求"名"心理、从众心理、依赖心理等常见心理都是很正常的。但是某种心理特别强烈或者出现了患得患失、过于自卑、盲目攀比、怯懦畏缩、造假、投机取巧等心理时，就业心理就出现了问题。就业心理问题是大学生就业之路的拦路虎，只有主动走出心理误区，排除心理障碍，才能以最佳的心理状态去迎接就业这一人生的重大选择。

一、常见的几种就业心理

(一)就业期望过高心理

对自己期望过高，脱离实际，又不能及时与现实相结合，不能进行自我调整。这种心理多产生于成绩优异的毕业生身上，他们认为自己比较优秀，对工作环境、薪资待遇等要求很高，在遭到拒绝后，脾气会变得焦躁，认识不到自身的不足，无法客观地评价自己。

(二)就业自卑心理

对自己的能力缺乏了解，缺乏自信心，认为自己"什么事情都做不了"，或者在求职中遭遇到一些挫折，就产生消极心理，感到自卑，在择业中总是拿不定主意，过分退缩，对自己能胜任的工作，也不敢说"行"，面对面试官面红耳赤、语无伦次、缺乏自信，不能充分展示自己所长，错失许多就业机会。

(三)就业从众心理

大学生正处于人格逐渐完善和成熟的阶段，容易受到社会思潮和社会观念的影响，人云亦云，缺乏个人主见，从众心理较为严重。面对复杂而竞争激烈的就业市场，跟着感觉走，别人往哪我往哪。面对一个行业、一个单位、一个岗位，人家怎么说自己就怎么看，完全不对其进行客观的认识和评价，更不用说形成自己的观点了。这样就会束缚自己的就业行为，失去很多的就业机会。再者，一窝蜂似的就业方式无疑会减少自身的机会，降低就业的成功率。

(四)就业焦虑心理

"自主择业"的改革，使大学生求职呈现出多元化的趋势，拓宽了大学生的职业选择面，但是也加重了职业选择行为的责任，产生了择业心理的压力。面对各种选择和风险，大学生感到无所适从，产生危机感、迷茫感，甚至是恐惧感。有的同学想到就业就"夜不能寐"，有的想到自己的毕业院校名气差、自己学历层次较低就整日唉声叹气，有的害怕这份工作待遇低了，又担心那份工作竞争不上，整日沉浸在犹豫的煎熬之中，有的看到别人已顺利就业，而自己还没有着落，于是被紧张、烦躁的情绪围绕，对就业失去信心。这些都是择业心理焦虑现象的表现。

刚走出校门、没有社会经验、心中无底的大学生对选择职业这一人生大课题产生焦虑心理是正常现象。一般来说，适度的焦虑使学生产生压力，这种压力是对自身惰性的进攻，它可增强人的进取心，人只有面对压力才会迫使自己积极行动起来，产生求胜的心理和行动。但是，如果心理过度焦躁、沮丧、不安，自己又不能在一定时间内化解这些情绪，这些情绪就会成为心理障碍或心理疾病，严重影响学生本人主观能动性的发挥，埋没他的潜能和才华，给就业带来不必要的困难，影响择业的进程，甚至造成择业失败。

(五)就业依赖心理

当代大学生中独生子女较多，有些从小娇生惯养，生活自理能力较差，往往依赖性较强，缺乏独立决策能力，在就业竞争中缺乏进取精神。在高考填报志愿时就由家长、老师做主。临近毕业时，这些人把就业的希望寄托在家长、学校和老师身上，怀着"车到山前必有路"的依赖心理。一方面希望找到称心的工作，另一方面又不愿意自己到处奔波，于是有的向千里之外的家长寻求帮助，有的对职业左顾右盼，拿不定主意，有的跟随自己的同学，别人怎么做，自己怎么做，盲目从众。

(六)就业怕苦心理

现在的大学生普遍没有经过艰苦生活的磨炼，缺乏艰苦奋斗的精神。目前在大学生中存在着学工不爱工、学农不爱农的现象，求职过程中盲目攀高，理想职业的选择标准是"三高"，即起点高、薪水高、职位高。大学生要求所选择的工作要名声好一点、牌子响一点、效益高一点、工作轻一点、离家近一点、管理松一点，这是典型的贪图享乐、怕吃苦的表现。在怕苦心理的驱使下，学生们选择职业的面很窄，怕苦的心理严重影响择业的成功率，死守"选择标准""有业不就"，直接后果是增加了大学生求职的困难，降低了求职成功率。

二、大学生就业心理调适

大学生在就业过程中是否拥有一个健康的心理，关系着大学生能否顺利实现就业，也关系着大学生今后人生历程的发展。因此，为了化解大学生就业中的心理问题，必须采取积极的措施来调适大学生就业中的不良心理。

(一)正视自我，合理度量期望值

大学生应该正确地评价自己，可以先参考老师和同学对自己的看法，再给自己定位，既防止盲目自大造成的自傲心理，也可以防止自信心不足而导致的自卑心理。经常关注社会经济变化和政策导向，不停留于自己封闭的小世界，在学习与反思中、沟通与交流中，找准自己的定位。

(二)克服自卑心理，充满自信是成功的前奏

自卑心理是大学生在进行职业选择时必须消除的心理障碍，勇于参与竞争和充满自信是求职过程必不可少的心理素质。克服自卑心理首先要正确评价自己，纠正过低的自我评价，多发现自己的长处，即使微不足道也不要忽略。人各有所长，避己之短，扬己之长，寻求成功的体验，从而增强自信。其次，经常对自己进行积极的心理暗示，比如说："别人能做好，我一定也能做好"，"我行，我一定能做好"，等。最后，还要克服惧怕心理，"失败是成功之母"，一次的失败并不代表自己就不如别人，更不代表就一事无成，只要正确对待失败，客观总结失败的经验教训，成功指日可待。相信天生我材必有用，让自己从自卑中解脱出来，冷静地思考自己一次次失败的原因，并从中吸取经验，在多次的失败与总结中逐步完善自己，然后再勇敢尝试。

(三)培养独立意识，克服依赖和从众心理

大学生要从思想上意识到要走自己的路，要有自己独立的见解。要寻求自己的奋斗目标，独立地处理各种问题，不断完善自己的思想体系。心理独立，很重要的一方面是要有自信心，无论成功与否，无论身在顺境还是逆境都能坦诚地对待自己，都要相信自己的能力，自信自强，保持乐观进取的心态。大学生在校期间要有意识地培养自己独立学习、生活、工作的能力，要最大限度地发挥自己的创造性，进而实现自己在思想和心理上的独立而不是一味等待老师的安排和指导。此外，大学生要克服从众心理，还需要事先对自己准确定位，确定切合实际的就业目标，一切在这一目标范围之内的就业机会都不要放过。

（四）克服焦虑的心理，增强求职的勇气

要克服焦虑，首先要更新观念，打破传统的事事求稳、求顺的思想，树立市场竞争的新观念。大学生求职的过程就是竞争的过程，即使你得到了比较理想的职业，如果没有竞争意识，不继续努力，也还可能丢掉这个工作。有竞争必定会有风险和失败，确立了竞争意识，有了承受风险和经受挫折的心理预期与准备，焦虑的心理就会得到缓解或克服。同时还应克服择业心切、急功近利的思想。越是急于求成，择业就越容易失败，失败的体验又会强化沮丧、忧虑的情感。因此在求职时客观分析自己，合理设计求职目标，充分准备，尽量减少挫折，增强求职的勇气，会大大减轻心理焦虑的程度。

（五）克服怕苦心理，把吃苦当作一种历练

首先要从思想上认识到吃苦不全是坏事，可以当作是一种对自己的历练。天下没有免费的午餐，也没有从天而降的馅饼，即使是待遇再好的职位也同样需要吃苦耐劳的精神。曾有过一些大学生，千方百计挤进了外企，结果很快又跳槽，其原因居然是受不了外企紧张的节奏和工作的高效率。其实越是艰苦的环境，越容易锻炼人，也越容易使人成功。要从"不食人间烟火""含着金钥匙出生"的虚无和优越生活走进现实，去体验生活、感受生活，培养艰苦奋斗的作风，有意识地做好吃苦耐劳的思想准备，这对大学生顺利就业会大有益处。

此外，大学生在进行上述心理调适时，还要掌握以下一些有效的心理调适方法：

转化法：有些时候，不良情绪是不易控制的。这时可以采取迂回的办法，把自己的情感和精力转移到其他活动中去。如学习一种新的技能，参加有兴趣的活动，使自己没有时间沉浸在不良情绪中，以求得心理平衡，保护自己。

宣泄法：因挫折造成焦虑和紧张时，可以去打球、爬山、参加大运动量的活动，宣泄情绪。但是宣泄一定要注意场合、身份、气氛，注意适度，应是无破坏性的。

安慰法：人不可能事事皆顺心，择业中遇到困难和挫折已尽了主观努力仍无法改变时，可说服自己适当让步，不必苛求，找一个自己可以接受的理由让自己保持内心的安宁，承认并接受现实，以求得解脱。

松弛法：在出现焦虑、恐惧、紧张、心理冲突、入睡困难、血压增加、头痛等身体症状时，可以在有关人员的指导下进行放松练习。通过练习学会在心理上和身体上放松的方法，可以减轻或消除各种不良的身心反应。

第四节 笔试的准备

学习目标

熟悉笔试的主要类型,掌握笔试的方法与技巧

重点难点

掌握笔试的技巧

笔试是一种常用的考核办法,主要是用以考核应聘者特定的知识、专业技术要求或重点考核应聘者对文字的运用能力,以及考察录用人员素质的一种书面考试形式,它是用人单位对求职者所掌握的基本知识、专业知识、文化素养和心理健康等综合素质进行的考查和评估。笔试对应聘者来说是相对公平的一种测试方式,因而被越来越多的用人单位所采用。

一、笔试的作用及种类

按考试的侧重点分类,目前求职过程中的笔试形式一般有以下几种:

(一)专业考试

专业考试主要是检验应聘者担任某一职务时是否能达到所要求的专业知识水平和相关的实际能力。专业知识考试的题目专业性很强,如外资企业、外贸企业对应聘者要考外语,科研机构招聘人员要考动手能力,公检法机关录用干部要考法律知识等等。值得注意的是,这种考试方式已被越来越多的"热门"单位所采用。

(二)文化素质考试

文化素质考试是为了检验毕业生的实际文化素质,由用人单位给出范围或特定要求,让应聘者通过作文来考察其知识、思维、文字表达能力的一种笔试方式。考试的题目以话题类型居多,如:要求文科学生运用某一原理或某一历史知识,分析某一问题;要求理工科学生运用某一专业知识,解决某一实际问题等等。

（三）技能测试

技能测试是为了检验应聘者的实际工作能力或专业技术能力。这种考试往往针对特定的工作岗位来设计。比如用人单位要招聘一名秘书，为了考察应聘者是否具有这方面的技能，会通过下面的题目来测试：阅读一篇文章，写读后感；自编一份请示报告和会议通知；听取 5 个人的发言，写一份评议报告；某公司计划在 5 月份赴日本考察，写出需做哪些准备工作，等等。

（四）论文笔试

论文笔试是检验求职者分析、综合、比较、归纳、推理等思维能力的方法。形式采用论述题或自由应答型试题。该笔试的最大长处是有利于考核求职者的思考能力，从而能够检查求职者思想认识的深刻程度。这种测试往往会得到种种不同的答案，易于发现人才，促进智力发展，远比简单的测验题更能判断一个人的水平。论文笔试要求毕业生讨论问题要深刻、有见地。

（五）心理测试

心理测试是用事先编制好的用于测试被试者心理素质的标准化量表或问卷，要求被试者在一定时间内完成，根据完成的数量和质量来判断其心理水平或个性差异的方法。一些特殊的用人单位常常以此来测试求职者的态度、兴趣、动机、智力、个性等心理素质。

笔试从某种角度来说，能更深入地检验毕业生的综合素质，毕业生平时的知识积累程度、对知识是否真正理解和掌握等等，通过笔试能得到较好的体现。用人单位的出题方式远比学校灵活多样，更侧重于能力，而不是单纯的知识。因此，在笔试之前，毕业生应对它进行深入了解，做到知己知彼，不打无准备之仗。

二、笔试的方法与技巧

（一）笔试的知识准备

1.学以致用，理论联系实际

现在的求职考试越来越强调用学过的知识来解决实际问题，具有很强的实用性。换句话说，现在的应聘考试主要是考核应聘者对知识的运用能力。因此，在复习过程中必须始终突出一个"用"字,通过各种实践,把学得的知识运用到工作实际中去解决各种具体的问题。

2.提纲挈领,系统掌握

在知识与能力这两者中,知识力无疑是基础,没有扎实的基础知识,也就无从谈什么能力的培养和提高。掌握知识的一个有效方法就是把零散的知识化为系统,但是应聘笔试往往范围大、内容广,存在着一定的随意件和盲目性,因此,凡是与求职有关的一些知识如文史知识、科技知识、经济知识、法律知识和一般的电脑知识,均要系统地复习一遍。

3.多读多练,提高阅读能力

提高阅读能力,对拓展知识面和回答应聘考试的各类问题很有益处。要提高阅读能力,首先得坚持进行阅读实践。知识的获得,主要依靠传授;能力的提高,则必须通过实践。复习时经常做些阅读训练,辅助阅读能力的提高。在做阅读训练时,一定要做到"眼到"和"心到",特别是"心到",即对每个问题都仔细揣摩,认真思考,分析比较,综合归纳,努力提高自己的阅读能力。

4.敏锐思考,提高快速答题能力

为了适应招聘考试中的题量,还应该尽快培养自己快速阅读、快速思维和快速答题的能力。因为现代阅读观念不只着眼于信息的获取,而且还特别重视速度。所以在准备笔试的时候一定要提高做题速度。

(二)保持良好的身心状态

求职过程中的笔试毕竟不同于学校平时的考试,临考前要注意以下几点:

(1)要适当减轻思想负担,不可给自己施加过大的压力,否则会适得其反。

(2)笔试的前一天要注意休息,保证充足的睡眠,避免考试时精神不振,影响正常思维。

(3)要适当参加一些文体活动,从而使高度紧张的大脑得到放松休息,以充沛的精力去参加考试。

(三)了解笔试类型,做到有的放矢

不同的笔试类型,有不同的考试内容,毕业生在考前应做详细的了解,针对不同情况做出相应的准备。比如公务员考试就有明确的考试范围,并有指定的参考书,考生复习相对有针对性。而一些用人单位的笔试则相对灵活,范围也比较大,没有明确相关的参考书。毕业生可围绕用人单位划定的大致范围翻阅一些有关的资料。笔试成绩与毕业生平时的努力也有很大的关系，如果毕业生兴趣广泛，平时注意吸收各种信息，考试时就能驾轻就熟，得心应手。

(四)科学答卷

拿到试卷后，首先应通览一遍，了解题目的多少和难易的程度，以便掌握答题的速度，然后根据先易后难的原则排出答题的顺序，先攻相对简单的题，后攻难题。这样就不会因为攻难题而浪费时间太多，导致没有时间做会答的题。遇到较大的综合题或论述题，则应先列出提纲，再逐条论述。在答完试卷后，要进行一次全面复查，特别注意不要漏题、跑题，要纠正错别字、语法不适、词不达意等错误。特别值得注意的是必须做到字迹端正、卷面整洁。因为招聘单位往往从卷面上联想应聘者的思想、品质、作风，字迹潦草、卷面不整洁的人，招聘单位先不看你答的内容，单从你的卷面就觉得你不可靠；而那些字迹端正、答题一丝不苟的人，招聘单位认为你态度认真、作风细致，对你更加青睐。

第五节　面试的方法与技巧

案例导入

小刘刚到深圳就兴冲冲地抱着简历去参加供需见面会。整个会场人如潮涌，唯有沃尔玛公司的展台前冷冷清清，与会场的气氛形成了鲜明的对比。

小刘好奇地走了过去，一看沃尔玛公司招聘启事上的内容，当即吓了一跳，招聘 20 名业务代表，却指明要名校的毕业生，并且还得有 3 年以上从事零售业的工作经验，条件这么苛刻，难怪没人敢贸然应聘。

小刘暗自揣摩了一番，虽然没一条够得上，可沃尔玛公司业务代表的工作对小刘却很有吸引力，小刘把心一横，决定试一试，真要被拒绝，就当是一次锻炼好了。他径自走到应聘席前坐下，那位中年主管看了小刘一眼，面无表情地指了指那招聘启事问："看过了吗？"小刘点点头说："我看过，不过很遗憾，我既不是名校毕业生，也没从事过零售工作，只有大专文凭，还是电大。"那位主管看了小刘好半天，才说："那你还敢来应聘？"小刘微微一笑，说:"我之所以还敢来应聘,是因为我喜欢这份工作,而且相信自己有能力胜任这份工作。"停了停,小刘又说:"如果求职者真要具备启事上所有的条件,那他肯定不会应聘业务代表,至少是公司主管了。"

说完,小刘把自己的简历递了过去,那位主管竟然没有拒绝,而是微笑地收下了。第二天,小刘接到通知,被录用了。后来才知道,那些苛刻的条件只不过是公司故意设置的门槛罢了。其实当小刘和主管谈完那些话之后,小刘就已经通过了公司的两项测试:勇于挑战条款的信息和勇气,以及分析问题的能力。

作为一名业务代表,每天都得与形形色色的商家打交道,如果那天小刘没勇气去敲沃尔玛公司的门,又岂能有勇气去敲那一个个商家的大门。有时候阻碍我们前行的,既不是缺乏实力,也不是那些所谓的条条款款,而是我们自己的信心。

学习目标

熟悉面试的主要类型,掌握面试的方法与技巧

重点难点

掌握面试的方法与技巧

一、面试的主要类型

面试是通过直接交谈问答的方式对应聘者是否具备所申请职位应有的才能和某些素质进行考核的一种方式。它是毕业生在整个应聘过程中最具有决定性意义的一环。面试是求职成功的必经之路,也是求职中最具有挑战性的过程。面试的种类主要有以下几种。

(一)按面试形式划分

1.主导式面试

从由多人组成的考官组中确定一位主考官,提前收集好各种准备提出的问题,当求职者进入考场后,主要由主考官提问,二者一对一地对话,其余考官如有问题,需向主考官递条子,由主考官决定是否提问;或经主考官同意后,其余考官方可提问。这种方法一般在用人单位招聘比较重要的岗位人员时使用。

2.答辩式提问

由多人组成的考官组同时与一个求职者对话,提出的往往是不同角度、不同性质的问题,要求求职者进行不同程度的回答,给求职者造成的压力较大。此种方法与上一种方法相似,一般在招聘重要岗位时使用。

3.集体式面试

面试的一方由多人组成考官,另一方是众多的求职者,双方通过提问和对话,当场比较优劣。此种方法一般气氛比较热烈且时间较长,对于毕业生来说,竞争比较激烈,一般在招聘普通职员时使用。

4.讨论式面试

招聘与应聘双方多人就预先拟出的问题展开讨论,讨论有时由招聘者主持,有时也请求职者轮流当主持人。这种面试方法同上一种方法相似,竞争也比较激烈,一般用在招聘普通职员时使用。

(二)按面试中涉及问题的类型划分

1.直接式问题的面试

这种问题比较简单,问题也比较容易回答。求职者只要针对每个问题简明扼要地回答即可,切记不可拖泥带水,或画蛇添足。例如"你是哪个学校的毕业生"、"你的专业是什么"等问题。

2.选择式问题的面试

这种类型的面试通常是由主考官提供1～2个标准答案,由面试者根据实际情况做出选择即可,切记不可模棱两可,或似是而非。

3.自由式问题的面试

这种面试与前两种相比,难度比较大,而问题也没有固定的模式和标准答案,给求职者一个自由发挥的机会,回答时可以充分表达自己的想法。但应记住,不要发挥太多,避免给主试者以夸夸其谈的印象;同时,也不能左思右想、吞吞吐吐,避免给人以反应不灵敏、思维不活跃的感觉。

4.因果式问题的面试

这种面试具有较大的难度,而且问题总是一个接一个地提出,要求求职者按照顺序一个接一个地回答。换句话说,就是前一个问题将导致后一个问题的结论,如果第一个问题回答不当将使回答第二个问题陷入困境。

5.测试式问题的面试

这种面试是由主考官设计一个情形,通过求职者的回答,来测试求职者的反应能力,从求职者的回答中测试求职者的个性、气质、为人处世的态度、人生哲学以及求职者的随机应变能力等。回答这类问题没有什么技巧可谈,关键在于求职者平时的积累。例如:今天来面试的 10 位同学,如何证明你是最优秀的? 像这类问题就不宜直接回答,因为你总有别人没有的优点,别人也总有许多优点是你所不具备的。因此,你应该采取一种如"这种问题得具体问题具体分析"的态度。

(三)按照操作方式划分

根据面试的结构化程度,操作式面试可以分为结构化面试、半结构化面试和非结构化面试三种。

结构化面试,是指面试题目、面试实施程序、面试评价、考官构成等方面都有统一明确的规范进行的面试。

半结构化面试,是指只对面试的部分因素有统一的要求的面试,如规定有统一的程序和评价标准,但面试题目可以根据面试对象而随意变化。

非结构化面试,是对与面试有关的因素不作任何限定的面试,也就是通常没有任何规范的随意性面试。

正规的面试一般都为结构化面试,公务员录用面试即为结构化面试。所谓结构化,包括三个方面的含义。一是面试过程把握的结构化。在面试的起始阶段、核心阶段、收尾阶段,主考官要做什么、注意些什么、要达到什么目的,事前都会相应策划。二是面试试题的结构化。在面试过程中,主考官要考察应聘者哪些方面的素质,围绕这些考察角度主要提哪些问题、在什么时候提出、怎样提,在面试前都会做出准备。三是面试结果评判结构化。从哪些角度来评判应聘者的面试表现、等级如何区分、如何打分等,在面试前都会有相应规定,并在众考官间统一尺度。

在非结构化的面试条件下,面试的组织非常"随意"。关于面试过程的把握、面试中要提出的问题、面试的评分角度与面试结果的处理办法等,主考官事前都没有精心准备和系统设计。非结构化面试类似于人们日常非正式的交谈。除非面试考官的个人素质极高,否则很难保证非结构化面试的效果。目前,非结构化面试用得越来越少。

(四)按照人员组成划分

根据面试对象的多少,面试可分为单独面试和集体面试。单独面试主要指主考官与应聘者单独面谈。这是最普遍、最基本的一种面试方式。单独面试的优点是能提供一个面对面的机会,让面试双方较深入地交流。单独面试又有两种类型:一是只有一个主考官负责整个面试过程,大多在较小规模的单位录用较低职位人员时采用;二是多位主考官参加整个面试过程,但每次均只与一位应聘者交谈,公务员面试大多属于这种形式。

集体面试又叫小组面试,指多位应聘者同时面对面试考官的情况。在集体面试中,通常要求应聘者作小组讨论,相互协作解决某一问题,或者让应聘者轮流担任领导主持会议、发表演说等。这种面试方法主要用于考察应聘者的人际沟通能力、洞察与把握环境的能力、领导能力等。

无领导小组讨论是最常见的一种集体面试法。在不指定召集人、主考官也不直接参与的情况下,应聘者自由讨论主考官给定的讨论题目,这一题目一般取自拟任工作岗位的专业需要,或是现实生活中的热点问题,具有很强的岗位特殊性、情境逼真性和典型性。讨论中,众考官在离应聘者一定距离的地方,不参加提问或讨论,通过观察、倾听为应聘者评分。

(五)根据面试的目的划分

根据面试目的的不同,可以将面试区分为压力性面试和非压力性面试。

压力性面试是将应考者置于一种人为的紧张气氛中,让应考者接受诸如挑衅性的、非议性的、刁难的刺激,以考察其应变能力、压力承受能力、情绪稳定性等。典型的压力性面试,是以考官穷追不舍的方式连续就某事向应考者发问,且问题刁钻棘手,甚至逼得应考者穷于应付,考官以此种压力发问方式逼迫应考者充分表现出对待难题的机智灵活性、应变能力、思考判断能力、气质性格和修养等方面的素质。

▋二、面试的方法与技巧

(一)观点要明确,重点要突出

一般情况下回答问题要结论在先,议论在后,先将自己的中心意思表达清晰,讲清原委,避免抽象,然后再做叙述和论证。面试时间有限,多余的话太多,反倒会将主题冲淡或漏掉。

（二）回答问题实事求是

在回答问题时注意回答要前后一致,同时和提交材料上的内容也要一致,不要弄虚作假。一旦被发现,就是道德和诚信的问题。一个没有诚信的人,无论有多么优秀,也是不受欢迎的。

（三）有针对性,有特色

相同的问题在不同的企业,答案是不同的,同时相同的问题已经有许多人都回答过,所以只有具有独到的个人见解和个人特色的回答,才会引起对方的兴趣和注意。

(四)时时体现文明礼貌的素质

在整个面试过程中,要保持举止文雅大方、谈吐谦虚谨慎、态度积极热情,要注意自己行为语言上的小细节,例如握手、告别、关门等容易被忽略,但却是主考官观察应聘者的一些很重要的方面。同时在语言应用上要保持口齿清晰、语言流利,表现你机智、幽默的特点,展示你的优越气质和从容风度。

第六节　面试礼仪

案例导入

庞迎春,27岁,现供职于一家韩国通讯公司,担任招聘主管。

面试心得:吸引对方的目光。她说:"读大学时,我就是个很活跃的女孩,辩论、主持各个方面都很擅长,这为我的第一次面试带来很多好处。面试前,并没做太多准备,我一登台就迅速进入了状态。这是一个韩国大公司。当时和我一起去参加面试的大都穿着学生装,而我根据过去参与主持的经验,挑了一套让自己显得成熟的套装,画了点淡妆,果然,当自己和其他人一起走进面试大厅时,对方将更多的目光投向了我。"那些韩国人在中国多年,几乎可以听懂所有的汉语,但在面试中却装作听不懂,时不时将身子倾向翻译,面试者可能因此掉以轻心。实际上,从一进入面试室开始,韩国老板就在留意你走路的姿态、目光的方向以及说话的表情等,因为你的不设防可以更多地反映出你的本来面目。

掌握面试的基本礼仪

掌握面试的基本礼仪

面试是成功求职的临门一脚。求职者能否实现求职目标,关键的一步是与用人单位见面,与人事主管进行信息交流,以便使人事主管确信求职者就是用人单位所需要的人才。面试是其他求职形式永远无法代替的,因为在人与人的信息交流形式中,面谈是最有效的。在面谈中,面试官对求职者的了解,语言交流只占了30%的比例,眼神交流和面试者的气质、形象、身体语言占了绝大部分,所以求职者在面试时不仅要注意自己的外表及谈吐,而且要注意避免谈话时做出很多下意识的小动作和姿态。

整个面试过程的时间通常只有半个小时左右,我们可以把它想象为一部舞台剧。戏里的主角是人事主管和求职者,角色只有两个,但剧情是千变万化的。作为扮演求职者的一方,一定要把握求职礼仪上的分寸,不要过火或不到位,把"好戏"给演砸了。

一、面试准备时的礼仪

守时是职业道德的一个基本要求,提前10～15分钟到达面试地点效果最佳,可熟悉一下环境,稳定一下心神。提前半小时以上到会被视为没有时间观念,但在面试时迟到或匆匆忙忙赶到却是致命的。如果你面试迟到,那么不管你有什么理由,也会被视为缺乏自我管理和约束能力,即缺乏职业能力,给面试者留下非常不好的印象。不管什么理由,迟到会影响自身的形象,这是一个对人、对自己尊重的问题。而且大公司的面试往往一次要安排很多人,迟到了几分钟,就很有可能永远与这家公司失之交臂了,因为这是面试的第一道题,你的分值就被扣掉,后面的你也会因状态不佳而搞砸面试。

二、面试开始前的礼仪

进入公司前台,要把访问的主题、有无约定、访问者的名字和自己的名字报上。到达面试地点后在等候室耐心等候,并保持安静坐姿。如果此时有的单位为使面试能尽可能多地略过单位情况介绍直接进入实质性阶段而准备了公司的介绍材料,应该仔细阅读以先期了解其情况,也可自带一些试题重温,而不要来回走动显得浮躁不安,也不要与别的应试者聊天,因为这可能是你未来的同事,你的谈话对周围的影响是你难以把握的,这也许会导致你应聘的失败。更要坚决避免的是,在接待室恰巧遇到朋友或熟人,就旁若无人地大声说话或笑闹,抽香烟或大声接手机。

三、面试开始时的礼仪

进入面试场地,求职者应始终面带微笑,不要过分紧张,对碰到的每个公司员工都应彬彬有礼。身体语言在人际交流中占 50%,面试时专业对口,也没说过什么不得体的话,但面试却失败了,究其原因,可能面试时身体语言表现不当而暴露弱点也是一种重要因素。

身体语言包括:说话时的目光接触、身体的姿势控制、习惯动作、讲话时的嗓音等。

首先是目光接触。面试时,应聘者应当与主考官保持目光接触,以表示对主考官的尊重。目光接触的技巧是,盯住主考官的鼻梁处,每次 15 秒左右,然后自然地转向其他地方,例如望向主考官的手。办公桌等其他地方,然后隔 30 秒左右,又再望向主考官的鼻梁处。切忌目光犹疑、躲避闪烁,这是缺乏自信的表现。

然后是身体姿势和习惯动作。在进出面试办公室时,注意进退礼仪,一定要保持抬头挺胸的姿态和饱满的精神,与人交谈时不要频繁地耸肩、手舞足蹈、左顾右盼、坐姿歪斜、抖动双腿等,这都是不好的身体语言。总之,手势不宜过多,需要时适度配合表达。

再者是讲话时的嗓音。嗓音可以看出一个人是否紧张、是否自信等,平时应多练习演讲、交谈的艺术,控制说话的语速,不要声细无力,应保持音调平静、音量适中。

在整个面试过程中,注意不要紧张,表述要简洁、清晰、自信、幽默等,同时注意观察主考官的表情变化,也就是做到察言观色,尽快掌握主考官感兴趣的方面,再根据事先准备做着重的表达。

▣ 四、面试后的礼仪

许多应聘者只留意面试时的礼仪，忽略了应聘后的善后工作，而这些步骤亦能加深别人对你的印象。面试结束并不意味着求职过程已经终结，也不意味着求职者可以袖手以待聘用通知的到来。

（一）回顾总结

对面谈面试时遇到的难题进行回顾，重新考虑一下，如果再一次向你提问时，该如何更好地回答此问题。尽量把面谈面试的所有细节记下，一定要记下与你交谈的人的名字和职位。

（二）向招聘人员表示感谢

为了加深招聘人员对你的印象，增加求职成功的可能性，面试后两天内，最好给招聘主考官用手机发个短信、打个电话或写封信表示谢意。电话要短，最好不要超过 3 分钟。感谢信也要简洁，最好不要超过一页。感谢信的开头应提及你的姓名及简要情况，然后提及面试时间，并对招聘人员表示感谢。中间部分要重申你对该公司、该职位的兴趣，如果感觉面试时有哪些地方表现不妥，要顺便尽量修正。结尾可以表示自己的信心，如果感觉自己的能力与职位的要求之间有一定距离，也可表示决心，相信自己经过短时间的努力，一定会符合职位的要求。

应试后，表示感谢是十分必要的。获得面试的应聘者在能力、知识技能方面都不相上下，用人单位或许存在着难以取舍的问题。如果这时你能主动联系，就会进一步获得用人单位的好感。

（三）不要过早打听结果

一般情况下用人单位会给出一个录取与否的答复时间。在此时间之内，除了表示感谢外，一定要耐心等待而不要打听结果。但若时间已过还没有收到对方答复，要尽早打电话或写信询问自己是否被录用，以示重视。

（四）不要坐等，而要继续寻求机会

面试结束后，如果同时向几家公司求职，则必须振作精神，全身心投入准备第二家公司的面试，因为没有录用之前仍未算成功，不能放弃其他机会。

第八章　创业心理

第一节　创业心理的概述

案例导入

马克·扎克伯格,美国社交网站 Facebook 的创始人,被称为"盖茨第二"。

马克·扎克伯格,1984 年 5 月 14 日出生在纽约州一个犹太人家庭,父亲是牙医,母亲是心理医生。10 岁的时候他得到了第一台电脑,从此将大把的时间都花在了上面。

扎克伯格天生有种创造简单易用软件的能力。12 岁时,他为父亲的诊所编制了名为"Zuck Net"的软件,让诊所和家之间实现了在线即时通信。高中时代,他与朋友一起编写了能记录听众收听习惯的音乐播放软件 Synapse,AOL 和微软表示希望购买这个软件并高薪雇佣扎克伯格,但是扎克伯格都拒绝了,并于 2002 年秋天进入哈佛大学学习计算机和心理学。

在哈佛时期,扎克伯格在与同校高年级学生共同开发了"哈佛连线"(Harvard Connections)之后,扎克伯格转而开发自己的网站,于是最初的 Facebook 问世了。

意想不到的是,网站刚一开通就大为轰动,几周之内,哈佛一半以上的大学部学生都注册会员,主动提供他们的个人资料,如姓名、住址、兴趣爱好和照片等。学生们利用这个免费平台掌握朋友的最新动态、和朋友聊天、搜寻新朋友。

2004 年 1 月,扎克伯格在网上向域名公司支付了 35 美元,注册了名为 The facebook.com 网站一年的域名使用权。

到 2004 年 2 月底,整个哈佛 3/4 的在校生都在 Facebook 注册了账户。随后,注册扩展至所有的常春藤名校,并很快扩展到美国主要的大学校园,包括加拿大在内的整个北美地区的年轻人都对这个网站饶有兴趣,如今,在英国、澳大利亚等国的大学校园同样风靡。

随着越来越多的学校被邀请加入,网站需要大量时间和人力维护,扎克伯格因此离开了哈佛,成为全职创业者,最终,从 2006 年 9 月 11 日起,任何用户输入有效电子邮件地址和自己的年龄,都可以注册。Facebook 成为全球范围内的社会化网络,其影响力也随之被推向最大化。2010 年 7 月 22 日,Facebook 宣布注册用户数超过 5 亿,成为全球最大的社交网站。

学习目标

掌握创业心理的概念及内容

重点难点

创业心理的内容

一、创业心理的概念

所谓创业,《辞海》的解释是"创立基业"。从概念上讲,创业是创业者对自己拥有的资源或通过努力能够拥有的资源进行优化整合,从而创造出更大经济或社会价值的过程。

创业心理,即同创业有关的心理内容和心理活动,具体来说就是指创业者在创业实践活动过程中所进行的各种心理活动,以及具备对创业活动有显著影响的个性心理特征。创业心理包括创业个体心理和创业群体心理。

二、创业与心理的关系

(一)创业者的心理影响创业

创业是一种受个体心理支配,并通过自身活动表现出来的自发的、积极的行为。创业活动受到社会经济、政治和文化环境的影响,也会受到企业资金、设备、技术、制度等因素的制约,但无疑会更加受到创业者的个人行为的影响。创业者的一些心理和人格特征,以及心理活动过程,都会影响到创业者的分析、判断和决策行为,从而会对创业活动产生影响。需求、动机和兴趣等心理因素是创业行为能否发生的重要前提,意志、情绪、智力和人格等心理因素是创业能否成功的关键。无数创业案例的实践证明,创业者的心理对创业活动的影响力是非常巨大的,甚至与创业的成败有直接联系。

(二)创业活动影响创业者的心理

人的主观意识会影响实践,反过来,实践也会影响人的主观意识。因此创业活动也会对创业者的心理产生影响。随着创业活动的不断进行,创业者的经验必然会越来越丰富,对创业活动规律的认识越来越深刻,分析问题和解决问题的能力、人际交往能力、环境适应能力以及经营管理能力等各种能力素质也会不断提高。艰辛的创业之路也会让很多创业者的自信心、意志品质、心理承受力等得到磨炼,且不断提高。当然,也必然会有小部分创业者经受不起磨炼和考验,反而会变得意志越来越消沉,自卑、脆弱,甚至会出现一些心理问题。

▊ 三、创业心理的主要内容

创业心理包括创业意识、创业个性、创业能力和创业人格等。良好的创业心理品质在创业过程中起着调节、定向的作用。首先,创业动机不仅影响创业的过程,而且影响着创业的绩效。其次,情绪情感在创业过程中往往起到一种情景渲染的作用,动机和意志对创业行为和创业目标具有调节作用。最后,能力和人格是创业行为的心理基础。

▊ 四、培养创业心理品质的意义

(一)良好的创业心理品质是知识经济时代对新型人才的要求

21 世纪是以现代高技术为主导的知识经济时代,当今时代的竞争归根结底是人才的竞争,尽快培养出高素质的、勇于创业的人才不但是当前高校人才培养的战略性选择,而且是当前高等教育面临的紧迫任务。而创业人才成长的关键是创业心理品质的培育。只有具备勇于创新、敢于创业的心理品质,才能有开创事业的雄心和脚踏实地的创业行动。因而,创业心理品质的培育是时代发展对人才的客观要求,也是创业、就业教育的首要内容。

(二)良好的创业心理品质是成功创业的内在心理素质和重要的人格力量

随着我国社会经济的发展,大学教育由精英教育逐渐向大众化教育转变,社会能为大学生提供的就业岗位相对减少。这要求大学生要敢于面对挑战，自主创业。大学生创业在很大程度上是心理品质的较量，良好的创业心理品质是影响大学生能否由潜在创业者顺利转化为现实创业者的主观前提，也是制约大学生创业成功与否的关键。目前大学生的心理健康状况堪忧，他们的心理问题大部分都同人格不和谐、人格缺陷，甚至人格障碍有关，人格不健全严重地影响着大学生的学习、生活和社会活动。而大学生良好创业心理品质的培育，有助于大学生健全人格结构的形成，有助于大学生的自我发展和提升，有助于大学生更好地被社会所接纳。

第二节　创业意识

案例导入

小瞿，一名 80 后的小伙子，创业道路一波三折。经历 3 年的摸爬滚打，他收获了创业带来的喜悦，同时也付出了艰苦的努力。

初涉职场的小瞿，和其他同龄人一样，经过毕业初期的社会实践和实习，他深感当今社会大学生所面临的巨大就业压力，心中逐步萌生想闯一片属于自己事业的想法。

2007 年年初，经过多方准备，小瞿顺利成立了卢湾打浦迅荣快递服务社。服务社成立初期，为减轻人力成本，小瞿每天起早摸黑，不管刮风下雨，坚持和公司的员工一起跑客户、做宣传，希望能争取到更多稳定的客户。但是，作为一家新成立的服务社，由于自身实力有限，不能与 DHL、EMS 等国内知名大型快递公司竞争，虽然经过两年的努力，开发了不少客户，然而创业的道路处处充满艰辛。2009 年国家出台了一系列快递行业的规范，让小瞿深刻认识到该行业的发展空间已被许多大公司的价格战策略进一步压缩，如果继续从事，公司的发展空间会严重受制。正当小瞿为服务社前途忧心忡忡的时候，他想到了转制。

然而，转制后从事何种行业，如何使转制后的公司能进一步发展呢？小瞿此时面临创业道路上的第二次选择。正当小瞿一筹莫展的时候，区创业指导中心及时为他提供了帮助。通过创业指导专家一对一地指导，小瞿很快熟悉了政府推出的创业扶持政策。历经创业初期挫折和风险的磨砺,小瞿对自己当初的创业目标计划进行了研究判断。对服务社的经营业务、财务状况、发展趋势等进行了全面分析和预测。最终,小瞿在市、区两级政府出台的各类创业优惠政策扶持下,成功转制,2009 年 5 月成立了现在的上海森炜广告有限公司。

如今,小瞿带领他的团队正朝着新的目标不断奋进。他相信,只要坚持和努力,定会创造更美好的明天。

创业理想和信念是支撑人们在创业道路上遇到困难时迎难而上的精神力量,有了创业信念并坚持下去,那么创业成功就离你不远了。

学习目标

掌握创业意识的内涵和内容

重点难点

创业意识的特征

一、创业意识的内涵

创业意识就是创业者在创业过程中呈现出来的心理特征和属性。创业意识是创业心理的重要组成部分,是人们从事创业活动的强大内驱动力。它支配着创业者对创业活动的态度和行为,并规定着态度和行为的方向、力度,具有较强的选择性和能动性。它包括创业相关的需要、动机、兴趣、理想、信念、价值观等因素。

一个人的创业意识受智力因素和非智力因素影响,它对创业至关重要,往往能够决定创业的成败。创业意识贯穿于创业行为的始终,良好的创业意识在创业过程中起到内在调控器的作用。

二、创业意识的内容

(一)创业需要

创业意识的形成,源自于人的一种强烈的内在需要,即创业需要。创业需要是创业活动的最初诱因和最初动力。当创业需要上升为创业动机时,就形成了心理动力。

(二)创业动机

动机是推动个体从事某种活动,并朝着一个方向前进的内部动力。创业动机是推动个体或群体从事创业的内部动因,是产生创业行为的前提和基础,它影响着一个人是否选择创业行为。创业动机一般分为两类,一类是经济的需要,一类是社会的需要。经济的需要主要是满足个体生存和对财富追求的一种需求,主要是指创业者为了满足个体生理和安全方面的需要。这是创业者原始和基本的动机。社会的需要是在经济的需要得到满足或基本满足后衍生出来的,即指创业者希望得到社会地位、社会认可、社会赏识、获得成就感、实现自身价值等。

(三)创业兴趣

创业兴趣可以激发创业者的深厚情感和坚强意志,它影响一个人能否开心地创业以及创业成果的大小。个体只有对创业充满兴趣,才能将创业活动转化为一种自觉的活动,从根本上提高创业效率,并最终开创良好事业的新局面。

(四)创业理想

创业理想是对未来奋斗目标的向往和追求,是人生理想的组成部分。有了创业理想,就意味着创业意识已基本形成。

(五)创业信念

创业信念是创业意识的更高层面,是创业者从事创业活动的精神支柱。它引导一个人的创业方向,指导一个人的创业行为。

(六)创业价值观

创业价值观是创业意识的最高层次,是随着创业者创业活动的发展与成功而使创业者思想和心理境界不断升华而形成的,它使创业者的个性发展方向、社会义务感、社会责任感、社会使命感有机地融合。

同样是进行创业活动,不同的价值理念体现了不同的人生目的,也体现了不同的创业人生价值。有的创业者是为了更加充分地展现个人的能力和发挥个人潜能,有的人是为了能够积累更多的物质财富,有的是为了体现自身的社会价值,还有的是为了寻找独立、自由的感觉。

创业价值观不同,创业的目标和创业的模式就有可能不同。只有保持积极向上的价值观,才能将个人价值和社会价值相统一,实现真正的创业人生价值。

三、培养大学生创业意识的途径

(一)完善课程教育体系

高校应将大学生创业心理素质培养教育纳入课程体系中。本科教学以启发教育为主,结合专业教育与创业心理教育,科学设计好教学课程体系,增加创新创业心理素质教育,树立大学生正确的人生观、价值观。

(二)加强创业知识教育

创业是一项系统工程,涉及方方面面的知识,在大学教育期间应该对学生有比较系统科学的创业知识教育。树立全程教育观念,"学校在人才培养目标规格的制定上要把创业技能和创业精神教育作为学校人才培养的基本目标,并通过教学计划来开展和实现人才培养目标,全方位渗透创业教育,分步骤培育创业意识"。

(三)开展校园文化活动

大学生参与校园文化活动,不仅将知识学以致用,而且丰富了学习生活,增加了阅历,增长了见识,提升了综合素质,为毕业后真正走上社会、适应社会打下坚实基础。比如,举办"挑战杯"大学生创业计划大赛、校园模拟招聘大赛等,把真实的企业背景引入高校,让大学生提前体验职场,提升自我效能。引导大学生积极主动地参加各种社团、社会活动,与社会广泛接触相融,培养对社会的责任感,强化人际交往能力,正确处理竞争与合作的关系,提升社会适应能力,使创业心理品质不断完善。

(四)建立基地实践孵化基地

建立校外实习基地和创业孵化基地,使学生有现实的工作环境。通过专业实践和实习,及时了解本专业动态,进一步细化自己的职业生涯定位。以体验式学习、企业参观学习、操作指导等形式,让学生在参与中学习知识,在实践中锻炼技能。建立大学生创业风险投资基金,为大学生创业提供资金支持。此外,要在大学生创业的关键时期给予一定的政策支持,鼓励学生在校园内进行创业尝试活动,通过这些创业实践活动,使大学生明确创业目的与意义,激起创业兴趣,积累创业经验,增加创业才干,减少和避免创业的盲目性。

创业意识的培养是一项复杂的系统工程,它需要社会、学校和家庭以及创业者自身的共同努力。高校作为大学生创业意识培养的中坚力量,必须深化教育改革,不断探索创新,为大学生创业提供可能。

第三节　创业人格

案例导入

小丽是一名大二的学生,和很多大学生一样,小丽的校园生活过得平静而又简单,整天除了上课就是忙着兼职。

小丽来自农村家庭,家境并不富裕,为了减轻家里负担,小丽主动要求家里每月减少给自己的生活费用,自己则在校学生会的帮助下找了一个"三助"的工作岗位,主要工作就是每天晚上十点半到教学楼的五楼自习室打扫教室。小丽性格内向、腼腆,当她第一次去自习室打扫卫生的时候,感到有些不习惯,因为她看到同班几个同学在上自习,觉得特别不好意思,同学也看到了她,她不好意思地笑了笑。打扫完教室回宿舍的晚上,小丽不断地告诉自己一定要克服尴尬,勇敢地面对同学。后来打扫教室卫生的时候也难免遇到同班同学,但是小丽都会默默地为自己加油,渐渐地开始热情和同学打招呼,有时还聊上一会天。

夏天到了,小丽在打扫教室的时候发现在桌子里面有很多空瓶子,这都是自习同学喝完水留下的。小丽灵机一动,把这些瓶子拿回宿舍,积累一个月后到废品收购站卖掉,又是一笔很不错的收入来源。

小丽十分喜欢小动物。因此,除了在教室打扫卫生以外,小丽每周在课余时间都去学校附近的宠物店打工,因工作积极主动,老板非常满意。一段时间之后,小丽对宠物店的工作十分熟悉,也十分开心,能和自己喜欢的小动物在一起,慢慢地小丽觉得自己的生活开始有了一些变化。

一转眼,小丽进入了大四,马上面临毕业了。和很多同学一样,小丽开始到处投求职信,找工作。一次,宠物店张老板得知小丽要去参加面试,就对小丽说:"你还找什么工作呀,你的性格其实做老板最合适,你干脆自己创业吧,如果缺资金,我支持你,我看好你的。"

张老板的话让小丽吃了一惊,她从来没有想过要走创业这条路,因此她一直觉得自己的性格比较内向,也不够精明,根本不是做老板的料。尽管她在宠物店工作的时候,偶尔也想过"自己也开一家宠物店该多好啊",但也只是想想而已。

"不会吧,我的性格也当老板?"

"没错,你相信我吧,你再适合不过了。"刘老板肯定地说。

小丽将信将疑。

学习目标

掌握创业人格的概念,了解创业人格的内容

重点难点

创业人格的内容

一、人格

人格(personality)一词,最早源于古希腊语 persona,是指希腊戏剧中演员带的面具。

在心理学中,人格指的是一个人整体的精神面貌特点,是人们在社会化过程中形成的相对稳定的心理特征和外部行为特征,是具有一定倾向性的、比较稳定的心理特征的总和。

人格是决定人的独特行为和思想的个人内部的身心系统的动力组织。它是人的个性品格的集合,包括智慧、气质、性格、能力和德行等各个方面。

二、人格的内容

人格包括人的气质和性格。

气质是表现在心理活动的强度、速度和灵活性等动力特点方面的人格特征,相当于我们日常生活中所说的脾气、秉性或性情。气质是先天决定的,特别是与一个人的神经系统的功能特点有关。一个人的气质类型很难改变。

性格是表现在人对客观事物的态度,以及与这种态度相适应的行为方式上的人格特征。性格是在社会实践活动中逐渐形成的,也就是说,性格是后天决定的。性格是可以通过改变环境或人为施加影响而改变的。

心理学研究表明,人类的气质一般分为以下几种类型。

(一)多血质

多血质的人,其神经过程的特点是强、平衡且灵活。因此,多血质的人感受性低而耐受性高;活泼好动,言语、行动敏捷,反应和注意转移的速度都比较快;行为外向,容易适应外界环境的变化,善于社交,不怯生,容易接受新事物;注意力容易分散,兴趣多变,情绪不稳定。

(二)胆汁质

胆汁质的神经过程特点是强但不平衡。因此,胆汁质的人感受性低而耐受性高,能忍受强的刺激,能坚持长时间的工作而不疲倦,精力旺盛,行为外向,直率热情;情绪的兴奋性高,但心境变化剧烈,脾气暴躁,难以自我克制。

(三)黏液质

黏液质的神经过程特点是强、平衡但不灵活。因此,黏液质的感受性低而耐受性高,反应速度慢,情绪的兴奋性低但很平稳;举止平和,行为内向;头脑清醒,做事有条不紊、踏踏实实,但容易循规蹈矩;注意力容易集中,稳定性强;不善言谈,交际适度。

(四)抑郁质

抑郁质的神经过程特点是弱,而且兴奋过程更弱。因此,抑郁质的人感受性高而耐受性低;多疑多虑,内心体验极为深刻,行为极端内向;敏感、机智,别人没有注意到的事情,他能注意得到;胆小、孤僻,情绪的兴奋性弱,难以为什么事动情,被什么事打动,寡欢,爱独处,不爱交往;做事认真、仔细,动作迟缓,防御反应明显。

三、创业人格的概念

创业人格,即个体在进行创业活动中所表现出来的人格特质,包括气质、性格、认知风格、自我调控等等,是个体确立创业计划、实施创业行为、最终实现创业成功等各个环节不可缺少的心理品质的总和。创业人格属于创业心理的价值范畴。

美国职业指导专家霍兰德指出,具有创业人格的人在兴趣、能力、态度及价值观等方面均表现为:"喜欢冒险、竞争,通常体力充沛、生活紧凑、个性积极;社交能力较强,是协调沟通的高手;在工作上表现出强烈的进取心,不愿花太多的时间去做科学研究等等。"

四、创业人格的主要内容

那么,创业者的创业人格包含哪些基本心理品质呢?我们都知道,从事创业活动的个体应具备一些独特的人格特质,然而对于创业者应该具备何种人格特质这个问题,可谓"仁者见仁,智者见智"。根据众多研究者的研究结果,总结起来,创业者在人格方面具备的特质应该包括:健全的自我意识、内在控制源、情绪稳定性、不确定容忍性。

(一)健全的自我意识

人认为自己是怎样一个人,比他真正是怎样一个人来得更重要,因为每个人都是按照他自己认为是怎样一个人而行动的,换句话说,人应具有健全的自我意识。自我意识健全的人,首先是一个有自知之明的人,能进行正确的自我评价,清楚自己的优势和不足;其次,他的自我认识、自我体验和自我控制高度协调;再次,他应该是积极的、自我肯定的、独立的、不依附于他人的,并与外界保持一致的;最后,他应该一个是理想自我与现实自我统一的人,有积极的目标意识。

创业过程中会遇到很多失败、挫折,很多时候会出现自我否定,进而产生放弃的念头。因此要想创业成功,首要的条件是应具备健全的自我意识,充分认识到自己的优势与不足,客观认识自己、积极悦纳自己、有效调控自己、勇敢超越自己,在创业之路上战胜自我。

(二)内在控制源

内在控制源理论是由美国心理学家朱利安·罗特(Julian Bernard Rotter)提出来的。内在控制源是指人们对行为或事件结局的一般性看法,这种一般性看法包括两种成分,一是外在性,二是内在性。心理控制源的内在性指的是人们相信自己应对事情结果负责,即个人的行为、个性和能力是事情发展的决定因素;而心理控制源的外在性则指人们认为事件结局主要由外部因素所影响,如运气、社会背景和其他人。内在控制源被许多学者认为是创业者应该具备的特质之一,许多成功的创业家都表现出内控性特点。创业是成功和失败交替出现的一种行为。如果个体把成功和失败均归于外在的原因，如运气，那么个体就失去了对自己和环境的控制。可想而知，创业也不会成功。

（三）情绪稳定性

一个人如果很容易烦恼焦虑，或者经常被失败的恐惧折磨，那么这个人将不适合管理一个企业。情绪稳定性对工作绩效有显著的影响，尤其是一些压力较大的工作。拥有高情绪稳定性的个体更能够肯定自己，更能从积极的角度思考问题，并对自己的生活感到满意，很少会感到气馁。低情绪稳定性的个体则表现为焦虑、不安、悲哀和喜怒无常。高情绪稳定性是创业者的优势所在。如何管理好自己的情绪是现代人非常关注的一个话题。老子认为人应该"无惊"，面对任何情况都不应该有太大的情绪反应。王蒙在谈到老子的思想时，提到人很难一下子达到"无惊"，而应该是一个渐进的过程，从"大惊"到"小惊"到"无惊"。无论是本应"无惊"还是逐渐达到"无惊"，一种好的情绪状态应是宠辱不惊，而这正是创业者所应具备的情绪特质之一。

（四）不确定容忍性

不确定容忍性是指个体在不确定的环境中组织信息的方式。它是在复杂环境中生存的能力，忍受矛盾，不屈不挠地解决各种复杂的问题。较高的不确定容忍性是创业性格特质的一个独特构成部分。事实上，创业活动本身是一项具有不确定性的活动，也是一项考验人意志的活动。不确定、不一致、不完整、模糊性、矛盾性等情况在创业过程中均有可能出现。个体能否承受和如何承受这种不确定，将是创业成功与否的关键。当不确定的情境出现时，有的个体因承受不住这种不确定带来的压力，草率地处理和解决问题；也有一些个体会以耐心的态度，等待情境明朗化后再做出决定，即对不确定情境有较强的容忍度。有关研究表明，与很多工作比较，创业者应具有更强的不确定容忍性。

五、如何培养大学生的创业人格

健全的人格同样是创业成功的基础，创业型人格就是创业所需要的思想、态度、情感等方面的品格。

（一）课程融合渗透

良好人格的形成离不开系统的教育，高校要在进行专业教育的过程中融入创业教育，在传统创业教育的基础上渗透创业心理品质的培养,通过创业心理教育课程的系统讲授,让学生深入了解和全面掌握创业者必备的知识、心理品质,尤其要引导学生明确自身不足,掌握优化心理品质的方法,激发他们自我实现的潜能,让他们明白:创业是一种精神、一种意识,更是一种素质。

(二)榜样的示范引领

榜样的力量是无穷的,他人的创业行为和成就是一笔宝贵的财富,将会对学生产生潜移默化的影响。良好创业人格的养成需要榜样的示范和激励,这在某种程度上甚至比课堂上的教育来得更直观、更有效。对于高校的创业教育来说,一是可以借鉴中外著名的创业榜样,分析他们的人格特征,使他们充分认识到良好人格对于创业的重要性;二是学习现实生活中的创业榜样,通过"请进来、走出去"的方式,让大学生们耳濡目染,受到熏陶;三是教师应成为创业的榜样,教师具有创业的成功经历,不但能对学生起到示范作用,而且还可以迁移到教学之中,这会给大学生创业者以莫大的启示和感染。

(三)实践的磨砺成长

人格是个人区别于他人的独特心理品质,良好人格的培养重在实践锻炼。在西方,家庭在孩子很小的时候,就会鼓励他们利用空余的时间去独立赚取生活费、学费,成年后更要求其独立生活,这实际上就是让他们更多地去磨炼自己,更好地实现自主创业。而在中国,由于传统文化的影响,再加上"90后"大多是独生子女,生活上习惯依赖父母,独立生活的意识和能力欠缺,因此,在高校的创业教育中,学校应积极创造条件增加实践磨炼的机会,积极组织学生开展丰富多彩的社会实践活动;作为社会,应积极回应学校需求,努力为大学生提供更多的实践岗位;作为家庭,应改变传统观念,积极鼓励子女独立创造;作为大学生自身,则应主动投身社会实践,在实践磨砺中锻炼意志、历练品质。

(四)自我的修养内省

大学生是青年中文化知识水平较高的一个群体,其自省能力、认知能力较强,接受新知、观念更新速度快,可以说,大学生有能力达到较高层次的人格素质水准。要使其具有良好的创业人格特质,最关键的就是自我修养的提升,也就是古人常说的"吾日三省吾身",具体来说就是要对照标准,经常反省自己,看看自己的人格是否符合要求。大学生自身应充分发挥自我认识、自我教育、自我评价、自我完善的作用,自觉从我做起,掌握有效的方式方法,在确立健康、理想的人格过程中确立自我、实现自我、战胜自我、超越自我。

良好的创业人格是创业活动成功的需要。因此,创业者要培养自身良好的创业人格,形成良好的心理品质,从容面对创业路上的艰难坎坷,最终走上创业的成功之路。

第四节 创业能力

案例导入

中专毕业的黎小兰当初不顾家人反对,只身前往深圳。在那个陌生的大都市里,既没文凭又没工作经验的黎小兰找工作处处碰壁。几经周折,她终于通过老乡的介绍进了一家小饰品公司做业务员。

一天,公司安排她到广州国际礼品城送货。细心的她发现二楼一个柜台上摆放的手机链格外引人注目,那些小小的水晶挂饰晶莹剔透,里面的昆虫鲜艳明丽、栩栩如生,柜台旁三五成群的人正在围观选购。后经打听,她终于知道,现在昆虫琥珀手机链非常流行,销售十分火爆。黎小兰眼前一亮,工作之余何不购进一些产品推销试试?

她几经周折找到手机链销售商后才得知,该厂生产的手机链由外商投资,产品全部出口,国内销售的多为次品。黎小兰软磨硬泡,最后终于拿到了300条,她喜出望外地回到深圳,马上到一些手机店推销。没想到小小的手机挂饰居然吸引了很多年轻人的目光,300条手机链2天时间就销售一空。而这次"小试牛刀",也让她获得了2600元的利润。初战告捷的黎小兰见这一行业大有前途,于是干脆辞掉工作,专跑手机链业务。由于她进货频繁、办事诚信,工厂索性把全部的次品都留下来批发给她。这样一年下来,黎小兰净赚好几万。随着收入的不断增加,黎小兰开始转变思路,一个大胆的想法在她的脑海中慢慢浮现:想办法偷师学艺,自己投资办厂,批量生产销售昆虫琥珀手机链。经过周全的筹备和市场调查,黎小兰回到家乡广西聘请几名专业技术人员,引进先进的机械设备,南宁"昆虫之恋"工艺品厂由此诞生。在广西大学化学专家、技术人员的联合攻关下,新产品终于开发出来,质量明显优于原来那个厂家的产品。产品研制出来了,销路就成为关键。为了加速进程,黎小兰亲自招聘几个业务员一同奔赴广西的大小城市,专门上门拓展服务,除了在手机柜台摆放玻璃台外,还将其产品打进精品店、服装店、旅游景点、小型超市等场所。目前,仅南宁市就有数百个昆虫手机链销售网点,同时,广西的柳林、桂林、玉林等地的市场也相继打开,月销售额达十几万元。

学习目标

1.了解创业能力的概念及特点;
2.掌握创业能力的主要内容。

1999 年 4 月,联合国教科文组织在第二届国际职业技术教育大会上提出创业能力应包括:创业态度、创造性和革新能力;把握和创造机会的能力;对风险进行预测的能力;懂得基本的企业经营概念,如生产力、成本和自我创业的必须技能等。所以,创业的主要特点是创造性、创新性、主动性。要形成这些能力和特点,需要个体最大限度地将人生理想、工作目标等通过主观能动性发挥出来,优化专业技术、社会能力、科技知识等技能系统,整合社会条件、投资项目等环境条件系统,创造性地发挥作用。

一、创业能力的概念

能力是人顺利地完成某种活动所必须具备的心理特征。能力分为一般能力和特殊能力。

创业能力是顺利完成创业活动的具有个体和社会双重属性的基本心理特征。创业能力也包括创业一般能力和创业特殊能力。创业一般能力是指在创业活动中表现出来的能力,如观察力、记忆力、想象力等;创业特殊能力是指人们在社会活动中所表现出来的解决特定问题的方式,是个体心理能力在一定的工作目标指引下和特定环境条件下发挥作用、实现价值的心理特征。

二、创业能力的内容

(一)组织领导能力

组织领导能力是创业能力中的主导成分,是在创业过程中起组织、领导作用的能力。

成功的创业者一定是出色的领导者,缺乏领导能力很难成为一个成功的创业者。

(二)专业技术能力

专业技术能力是指掌握一定的专业技术知识,并运用这些知识去解决实践中遇到的专业技术难题的一种能力。专业技术能力既包含了传统的技能意义,又强调了技术在能力中的作用。创业者在创业过程中既要懂得将书本所学的知识和专业理论学以致用,还要学会在实践中进一步探索书上没有的知识和经验,详细记录,认真分析,进行总结,形成自身的经验特色。只有这样,专业技术能力才会不断提高。

(三)组织管理能力

组织管理能力是指为了有效实现目标,灵活运用各种方法,把各种力量合理地组织和有效地协调起来的能力,包括协调关系的能力和善于用人的能力等等。组织管理能力是一个人的知识、素质等基础条件的外在综合表现。对于大学生创业者来说,要成功地实现组织的愿景、实现企业的可持续发展,就必须领导和激励员工为之奋斗,通过规范的管理制度保持整个企业的顺畅运作。

(四)开拓创新能力

开拓创新能力是创业能力的核心。它包含两个方面的含义:一是大脑活动的能力,即创造性思维、独立性思维和捕捉灵感的能力;二是创新实践的能力,即人在创新活动中完成创新任务的具体工作的能力。创新能力是一种综合能力,与人们的知识、技能、经验、心态等有着密切的关系。具有广博的知识、扎实的专业基础知识、熟练的专业技能、丰富的实践经验和良好的心态的人容易形成创新能力,它取决于创新意识、智力和创造性思维等。创业者要有强烈的时代感和责任感,敢于开拓进取,不断创新,并保持思维的活跃,不断吸取新的知识和信息,开发新产品,创造新方法,使自己的事业充满活力和魅力。

(五)社会交往能力

人的许多活动都是在社会关系中完成的,同时,任何创业的个体与他人发生关系的效果与其沟通协调能力是正相关的。成功的创业行为要求创业者要有较强的沟通协调能力,需要处理好同伴、员工等的关系;要处理好与政府职能部门如工商、税务、卫生局等之间的关系;要与各种中介机构如销售商、货源供应商、消费群等建立长期的良好合作关系;要与人才中心等掌握人力资源的组织建立良好的关系。

三、创业能力的特点

（一）整合性

从应用的角度来看，创业能力是若干能力的组合。这些能力在创业之前就可能存在，不创业而做其他工作可能也需要这些能力。但是如果个体进行创业活动，就必须具备这些能力，并将它们整合为一个系统的能力结构，有效地发挥作用，才能更好地完成创业任务。

（二）动力性

能力是完成和解决某个任务和问题时的心理特征的表现，它推动或者调动相关的资源去解决问题。因此，能力具有以下几个方面的属性：

1.能力优势

一个人具有什么样的能力优势是个人才能的标志。具有某方面优势能力的人能够更好地完成任务，显示出解决问题时的心理素质和工作效率。

2.成功概率

在所从事的工作中，成功和适应的可能性大小是能力价值的另一个标准。具有能力，并不等于成功。需要将自己的能力与环境、条件、时机以及对应的目标和任务相互作用，即天时、地利和人和，才能真正实现能力的价值。

3.发展潜能

发展潜能就是通过学习、训练、实践等将本身具有但没有表现出来的能力表现出来。只有显示能力与潜在能力两方面都在人的心理发展与社会适应中顺利实现其功能，能力才会在认识自我与认识社会中起着动力作用。

（三）创新性

在创业活动中，创业能力最突出的特征就是创新性和创造性。当创新精神消失，创业的意义也就基本消失了。创业的创新性表现在：

（1）创业的过程是主动探索的过程；

（2）创业过程是用知识和智慧解决实践中的问题的过程，是将知识转化为生产力、产品和人生价值的综合过程；

（3）创业过程是知识与能力的再生产过程；

（4）创业过程是个体的社会化和社会价值的创造过程。

四、形成创业能力的途径

（一）培养创业意识

创业意识对于创业能力的形成和创业实践活动具有动力作用。创业意识绝非心血来潮，也不能一蹴而就，它是创业者在创业实践活动中培养、积累和升华的结果。首先，它是创业主体因萌生创业需要而产生，这是创业活动的最初的诱因和动力，在这一过程中，外在的教育和社会客观需要对它的产生起着促进和决定作用。其次，把创业需要转化为创业动机，是一种竭力追求并获得最佳效果的心理动力。最后，创业理想的树立，则是创业意识基本形成的标志。有了创业意识就会促进形成坚定的创业信念，从而促进创业者提高创业能力。

（二）培养良好的创业心理品质

心理学研究表明，非智力因素及情商在个体活动中具有决定性的作用。在创业能力的形成中，必须重视发挥创业心理优势，消除创业心理障碍。从肯定方面讲，根据有关调查结果，独立性、敢为性、坚韧性、克制性、适应性、合作性这六种要素对于创业能力的形成有积极的调控作用，意志力是创业心理品质高低的核心问题。从否定方面讲，有三种心理障碍应予以克服：人格障碍，如依赖、自卑、畏缩；情绪障碍，如抑郁寡欢、过度焦虑；行为障碍，如急于求成、目标多变等。

研究表明，心理承受力具有至关重要的作用，企业家成功率与其心理承受力呈正相关的关系，心理承受力越强，成功系数越大，反之越小。总之，大学生要修炼良好的创业心理品质，就是要把创业当作一种人生态度，把创业精神当作一种生活方式，从不同的角度观察世界。

（三）构筑网络化创业知识结构

知识本身是个体创业基本素质的重要组成部分，美国管理学权威彼得·德鲁克认为："在现代经济中，知识正成为真正的资本与重要的财富。"他的这段话在一定程度上反映了现代知识经济的特点。正是这个信息时代的知识经济特点，又在客观上向个体提供了掌握知识的压力与动力。传统的线性化知识结构已不能满足现代社会发展的需要,个体只有构筑起广博交叉的网络化知识结构,才能形成很强的创业能力,走成功的创业之路。

作为一个创业者,首先是要具有与其所创事业相关的专业知识,同时还应该具备经营管理知识和综合性知识,在社会关系越来越复杂的情况下,创业者的社会综合知识的作用日益突出。

(四)通过创业活动形成创业能力

无论是培养创业意识,培养创业心理品质,还是系统构建创业知识网络,都要通过创业活动才能变为现实创业能力。因此,创业实践活动是创业能力的整合机制,这就需要我们在教育中注意创造各种条件,使学生直接参加社会实践活动,积极走向社会,走向生产、经营第一线,使其在实践活动中萌生创业意识,培养创业心理品质,调整和丰富知识结构,锻炼才干,从而形成真正的创业能力。

高校可以通过多种形式与政府、企业、民间组织等机构建立联系以促进创业实践。一是学校要构建创业实践基地,为学生提供创业实践的便利,如创业见习基地、创业实习基地和创业园等,实现产、学、研一体化;二是社会要为大学生提供更多的创业岗位供学生选择,如勤工俭学岗位、社区服务岗位等,使其经受创业实践熔炉的考验;三是组织创业大赛,这是学生创业模拟练习的一项有效方式,可以涵盖理论知识和实践两部分内容;四是学校帮助组建类似于创业者俱乐部性质的创业者联盟,使准创业者和创业者不仅可以获得诸如培训、项目、技术、资金等方面的支持,而且可以帮助学生获得心理上的成长,促进创业心理品质的完善。良好的创业文化、浓郁的创业氛围,是培养大学生创业能力的关键所在。学校要广泛利用广播、电视、校刊、校报、板报等宣传工具,大力宣传创业的重要意义,宣传创业的经验,宣传成功创业的典型,树立勇于创业的榜样,弘扬创业精神,在校园形成讲创业、想创业、崇尚创业、以创业为荣的校园舆论氛围,引导形成鼓励创新、开拓进取、宽容失败、团结合作、乐于奉献的校园创业文化氛围。

总之,大学生要培养创业能力,必须遵循创业能力的形成规律,注意提高学生的创业意识,培养良好创业心理品质,构筑好创业知识结构,并通过实践活动把它们整合为实际创业能力。

第五节　创业心理辅导

案例导入

　　小王在大学期间就表现出了非凡的领导型气质,他一直崇拜那些白手起家的创业英雄们,想着有朝一日也能成为成功的企业家。临近毕业的时候,同学们纷纷为工作奔波发愁。小王表达出他想要自主创业的想法——创办一个属于自己的广告公司,受到了好兄弟们的响应,表示有意愿跟着他干事业。近些年,政府部门也纷纷出台一些优惠政策来鼓励大学毕业生自主创业,父母对小王的未来规划也表示支持,并提供了一些启动资金。小王又拥有比较扎实的专业技术知识,毕业不到半年,他与一同合作的同学在"小王工作室"里如火如荼地忙碌着事业。

　　可是最近工作上遇到了比较棘手的问题。由于与大型广告公司相比,小王这名不见经传的小工作室很难得到客户的青睐,加上缺乏实战经验,难以解决资金不足、技术等问题,有几个一起创业的同学纷纷打了退堂鼓去投奔大的广告公司。理想很丰满,现实很骨感。面对创业的瓶颈、合作伙伴的退出,小王的紧张感不断加剧,这在他自身及处理与他人的关系上表现得越来越明显。面对尴尬的现状,小王感到了前所未有的压力,无法找到创作上的灵感,工作效率不断降低,也无法获得业界同行的认可,工作室随时面临倒闭,为此他总是借酒消愁来麻痹自己,并迁怒于周围的家人和朋友。

　　之后,一次偶然的机会,小王通过大学时期认识的前辈接到了一个不错的生意。同时同行前辈也给了他一些建议,使他渐渐意识到了是自己无法处理好各种压力,才导致情况变得越来越糟。经过几个月有意识地对压力进行控制管理,小王的情绪变得渐渐好起来,身体也恢复了健康状态,处理工作的事情的反应能力也得到了加强。

　　小王的生活就是对刺激、压力和变化不断做出反应的过程。虽然小王只是众多大学生创业过程的个例,但作为一名创业者,他也很具有代表性,很多大学生在开始创业生涯的时候也会遇到类似的问题,也会有类似的压力、情绪反应和身体症状。

学习目标

　　了解创业者常见的心理问题,掌握创业心理辅导策略

重点难点

创业心理辅导策略

一、创业者常见的心理问题

创业者的心理因素分为两大系统：一是认知心理机能系统，它反映着智力水平的高低；二是非认知心理机能系统，它表示认识、控制和调节自身情感的能力。心理活动是一个整体，当心理活动的某一部分出现障碍或异常时，就可能引起整体的异常。无论整体或某一部分的异常，都是属于心理障碍的范畴。在创业过程中，某些心理障碍如果不懂得排除，会成为我们创业之路上的绊脚石。

（一）认知方面

大学生在认知上，由于对创业本身的认识不足，再加上不能正确地认识和评价自己，从而产生各种心理问题。大学生由于对创业的复杂性和艰巨性认识不够，对成功创业所需要的各种素质能力估计过低，造成盲目进入创业市场，很容易导致创业失败。同时由于自我认识和评价不够客观，往往容易出现自负或自卑。自负者在做事情时往往不顾及别人的感受，对人缺乏热情，结果很难和团队成员相处，最终落得一个人孤军奋战，很容易遭受挫折。个别大学生在遇到挫折之后又转向另一个极端，即自卑，经常一味地贬低自己，凡事缺乏信心。自卑的人总是强调各种原因，如缺乏资金、缺少他人的帮助、技术不过关、经验不足、信息不灵、身体不行等，总认为自己不是创业的"料"，宁愿安分守己也不愿开拓进取。自卑的人还表现在对前途丧失信心，总认为社会的不公平性阻碍了自己的创业发展。这样很容易导致严重的情绪问题，如悲观、胆怯、孤僻、忧郁等。

（二）情绪问题

情绪的调控能力高低是一个人心理素质甚至综合素质高低的一个重要表现。但凡创业成功者都有较强的情绪调控能力，带着情绪工作和生活，人的理智就会降低，更容易冲动。创业者在创业过程中容易出现的不良情绪主要有紧张焦虑、忧郁、恐惧等。焦虑是由于结果的不确定性产生的，特别是当一个人不自信的时候，会有头冒虚汗、心慌意乱、火气旺盛、遇事不冷静的表现。过度焦虑会使人的适应能力下降，使人长期处于不安状态。忧郁主要表现为情绪低落、多愁善感、好怀疑、易夸大困难、精神不振和自怨自艾，严重时会感到苦恼不堪,甚至出现悲观厌世的情绪。恐惧是面对自认为无法解决的困难时,内心产生的一种消极心理状态,它会严重影响一个人的能力。由于初次创业,创业者面临来自客户、同事、政府、家庭等方方面面的多种复杂信息,同时面临多方利益冲突,自身没有现成经验可以借鉴,这就容易出现压力过大而产生各种消极情绪的情况,从而严重干扰其身心状态,影响其综合能力和临场发挥水平,降低工作绩效。同时这些消极情绪还具有人际传染性,是创业的大忌。因此,创业者需注意在创业过程中学会调控自己的情绪,尽可能避免一些不良的情绪发作,以免阻碍创业的进程,并经常将自己的情绪调适至最佳状态,这样对于自己事业的发展具有重要意义。

(三)意志问题

在创业中必然会遇到许多矛盾和困难,缺乏好的意志品质必然无法取得成功,不少创业者往往缺乏这样的意志。意志方面的问题主要表现为,挫折承受力差、逆商较低、耐力较差、容易"三天打鱼两天晒网"等。由于创业之初,往往工作头绪多、工作时间长、人手少,创业者不得不担任多种角色,经常疲惫不堪,不能适应。此外,与社会各方面打交道常常是初涉社会的大学生创业者所不擅长的,多次碰壁的情形是常有的。创业者一旦遇到挫折往往容易心灰意冷、半途而废,此时是否具备坚强的意志尤为重要。

(四)行为问题

创业者常出现的行为问题,主要表现在创业活动中目标多变、朝令夕改,急于求成、盲目冲动,畏首畏尾、强迫性重复等。目前大多数大学生都是追求表达个性的"90后",他们紧跟时代潮流,容易受到社会各种声音的影响,这种性格的创业者容易出现目标多变、朝令夕改的行为问题,他们也往往没有培养成延迟满足的习惯,遇到好的创意往往马上就干,这在一定程度上也使他们急于求成、做事考虑欠周全。畏首畏尾、强迫性重复行为是指有些创业者在面对一些重大的决策时,由于考虑多方的利益无法下决定而思前想后,反复询问别人的看法,或者面临抉择的时候强迫自己反复去思考,权衡利弊,迟迟不能做决定,以至于错失良机。

▌二、创业心理辅导对策

良好的心理素质是适应社会竞争的必备素质,也是创业必备的条件。当代创业者或准创业者要适应现代社会,就要掌握优化心理素质的基本途径和主要方法,在日常生活和实践中扬长避短,发挥自身优势,开发自己的潜能,成为竞争社会的强者。

(一)创业心理自助

1.情绪管理

首先,要在性格上保持乐观态度,在心中时刻充满光明和希望,经常想到再大的困难总有办法解决,学会挖掘事物的光明面和积极面,使自己在任何艰难困苦的条件下都不消极悲观、灰心丧气,始终保持乐观态度。巴尔扎克曾说过,"苦难对于天才是一块垫脚石……对于能干的人是一笔财富,对于弱者却是一个万丈深渊。"

其次,要走出个人小圈子,经常与四周的环境保持良好接触,敢于与不熟悉的人和事打交道。多从事自己喜爱的活动,多与知心朋友交谈,听取别人的建议,多参加一些有益的社会活动,使自己尽快从焦虑情绪中解脱出来。

2.寻找社会支持

对于创业者来说,寻找社会支持包括:第一,寻找社会支持来源,在面对创业压力的作用下,可以寻找家人、朋友、同伴或者其他社会专业机构的专业人员,如心理咨询师等;第二,寻找社会支持的内容,主要有情绪的、认知的、陪伴性以及评估性的支持等等,寻找信心,了解有关压力源产生的多方面原因及发展态势,清楚自身方面的情况。

(二)创业心理咨询

从教育途径来看,创业心理辅导比较突出的有专题创业心理沙龙、专题心理工作坊、专题团体心理辅导、个体心理咨询、朋辈心理互助、榜样引导等。从教育内容来看,创业心理教育主要包括社交人际沟通能力辅导、创新能力培养、意志品质训练、心理适应能力辅导、自我效能感训练、团队管理能力训练、领导能力培养、信息处理能力锻炼等。

1.专题创业心理沙龙与工作坊

心理工作坊是一种以一对多的、面向大众人群开展的,通过人际互动与主题讲座相结合的一种能有效影响人,使人日益自我成长、自我完善的心灵工作坊。通过一些具体的活动,如相互倾听、解决问题、表演戏剧等,成员们能紧密地联系在一起,分享共同的体验,认真思考自己的成长经历,重新开启对自我的认识,从而达到自我成长。工作坊一般以10～15人的规模进行,教育性质的也可以发展到几十人甚至几百人;一般用一段相对集中的时间(如2～3个小时或一天),有针对性地集中开展。比较常见的多为半天2～3个小时的短程工作坊。一个完善的工作坊,会给参与者提供详尽的团体概况,包括团体的目标、成员间关系的预期、主持者的资格、团体活动的内容等。也会告知参与工作坊的潜在危险,提醒参加者慎重决定。

有关创业方面的心理工作坊,常见的是对创业相关能力素质培养的专题训练,如创新品质培养工作坊、自信心锻炼工作坊、自我潜能挖掘工作坊、人际沟通工作坊。

2.系列团体心理辅导与心理训练

(1)团体心理辅导

所谓团体是指在一定的目标指引下,通过成员之间的互动,满足成员一定的心理需求的组织。团体心理辅导是相对于个体心理辅导而言的,它是一种在团体情境下提供心理援助与指导的心理辅导形式。

团体成员一般通过公开招募的形式召集,往往还会有一定的筛查面试来确保团体成员的同质性。人数一般在 20~30 人,一般活动 6~7 次,每次两小时左右。具体辅导过程一般以团体心理活动贯穿心理讲座、心理分享活动等形式展开。其中团体心理活动,一般通过形式多样的互动游戏,促使学生自我表现、相互观察,科学有效地创设一种身临其境或心临其境的体验氛围。在这种氛围中,教师和学生成为共同的参与者和探索者,学生主动自觉通过体验、内省和观察来实现自主选择、自主判断、自主归纳,从而在认知情感和态度等各个层面上增强创业动机,提升思维和行为的合理性、有效性,一定程度上形成有利于创业活动的个性心理。团体心理辅导与个体心理辅导相比具有感染力强、效率高,效果容易巩固迁移,特别适用于人际关系适应不良的人等优势。

创业团体心理辅导,是发展性团体心理辅导,根据团体心理辅导的理论与技术,辅导者依据一套系统的辅导方案,协助学生探索、整合并运用创业信息与资料,促进自我认识的发展,培养创业心理品质。

对创业来说,应该围绕培养创业者的心理调适能力和适应能力两大主题来展开,开展与创业能力有关的团体辅导,将具有同类心理问题或为达成同一目标的大学生组成一个团体,心理教师运用适当的辅导策略与方法,促进团体成员间的互动,使个体在互动中通过观察、学习、体验,认识自我、接纳自我,学习新的态度与行为方式。另外,还可以进行培养创业所需能力的训练,通过示范与引导,让大学生学习到新的能力,并提供较多的实践活动,以强化学习到的能力。

(2)个体心理咨询

个体心理咨询是分析创业过程中出现的心理问题,对创业者进行咨询指导。这需要创业者对自己当前的问题有较好的认识并有较强的解决问题的欲望和求助欲望,主动寻求帮助。个体心理咨询一般是一对一面对面的形式。咨询师采取各种心理疗法,指导创业者学会以适当的方式排遣内心的不良情绪,学会自我调适内心平衡,通过开展创业心理咨询,帮助创业者在创业过程中解决心理困惑和心理障碍,通过心理咨询活动促进创业者在认知、情感与态度方面的改变,改进不合理的认知模式,确立辩证、科学的思维方式,维护和增进创业者心理行为的健康发展,建立完善的人格特质。

(3)朋辈心理互助

朋辈心理互助,主要是通过同学之间、朋友之间的相互帮助,或毕业择友对大学生的成长进行帮助,以求心理成长的一种互助方式。创业者的朋辈心理互助,一般可以通过组织心理沙龙、读书俱乐部活动、创业论坛、创意晚会、创业讲座等多种形式呈现,也可以通过相关部门树立创业之星等榜样引导来实现。譬如,组织读书活动,可以让学生阅读、分析、讨论杰出人物特别是商界英才的传记,并定期交流心得,联系自我生活进行自我规划等。这些人物的态度和智慧不断在学生心中沉淀,形成或调整他们关于事业、关于人生的图式,促使他们对未来生活和工作形成新的预期,高扬创业动机,坚定创业意志。更加直接的教育方式则是由创业经历的校友讲述创业历程,并通过现场互动获得更加直接的体验。现在信息传播和信息交流极其便利,大学生既可以通过阅读有关创业成功人士的书籍,阅读与创业相关的报纸和杂志来了解创业成功者的事迹和案例,同时也可以从广播、电视、网络中了解创业成功者的经历。他们的创业经历为大学生起到了示范和引导作用,可以使大学生从中受到莫大的启示和感染,为自己的成功创业打下良好的理论基础。

(4)心理拓展训练

心理拓展训练是一种以提高心理素质为目的的训练活动。它能够激发个人潜能,培养乐观的心态和坚强的意志。这种活动最显著的特点是实践性。在活动中,学员在教师的指导下,必须进行一些身体活动或智力作业,而且这些活动大多是以团队的形式开展的,学员还必须与其他成员进行语言、情感、肢体动作方面的互动。通过设计目标与实现目标的实战模拟,训练个体在完成任务时将注意力投注到完成任务的策略设计上,而不是投注在对任务可能失败的焦虑上。通过认知调整到行为训练,创业者实现目标的希望能在很大程度上得到强化,从而为自我效能训练、乐观训练和复原力训练奠定良好的心理基础。

第九章 终身职业生涯规划

第一节 终身学习理念

案例导入

教育学家康内尔曾说:"现代社会,非学不可,非善学不可,非终身学习不可。"如果一个人一年不学习,你所拥有的知识就会折旧 80%。一个人比另一个人水平高、能力强,在很大程度上是他拥有更多的信息,能够站在更高层次上用不同的视角看待问题、拥有更多解决问题的途径。而这些能力的根源,都来自丰富广阔的知识学习。

对于大学毕业生来说,从小读书一直到大学毕业,很多人会持有这样一个看似自然的想法,读完大学就算读到头了,参加工作则意味着学习生涯的终结。事实上,这样的观点既片面又狭隘。"读到老,学到老"这句话虽然非常通俗浅显,但却是不争的真理,对于个人的职业发展来说也是如此。社会在不断发展变化,职业的结构、内容和用人要求也在不断地变化,而个人的职业意识、职业素质以及知识能力必须通过学习才能提高。大学教育固然重要,但毕竟只是一个短暂的阶段,大学毕业之后的延伸学习和重新学习,对于选择及重新选择职业岗位和取得职业成就,无疑具有更重要的意义。尤其是在当前的知识经济时代,获取知识、运用知识和创新知识的能力是一个人成功的重要因素。善于学习、有较强的学习能力和思维能力的创新型人才,才是知识经济时代的强者。

学习目标

了解终身学习的内涵与特征

重点难点

终身学习的发展历程

一、终身学习的内涵

1994 年 11 月,首届世界终身学习会议提出终身学习是 21 世纪的生存概念,认为终身学习是通过一个不断的支持过程来发挥人类的潜能,它激励并使人们有权利去获得他们的终身所需要的全部知识、价值、技能与理解,并在任何任务、情况和环境中有信心、有创造性、愉快地应用它们。终身学习就是人们在整个一生中通过不断地学习知识和技术,将学习成果应用于自己的日常生活或社会活动的过程。也就是说,终身学习是一种主动、自发的学习,是谋求自我完善的过程。徐永波认为终身学习的内涵至少包括以下五个方面。

(1)终身学习是一个连续不断的过程。学习是持续人一生的活动,学习将从胎儿时起,伴随人的一生,从而为人类的发展与完善提供了一种新的选择。

(2)终身学习不仅纵向地贯穿人的一生,而且横向地贯穿于学习的各个层面、各个空间,人类必须时时学习、事事学习、处处学习,它不仅拓宽了学习时间,还大大拓展了学习内容和学习空间。

(3)学习者是学习活动的主体。学习者成为教育活动的中心。随着学习者的成熟度提高,允许他有越来越大的自由:由他自己决定他要学习什么、如何学习以及在什么地方学习。

(4)终身学习是人的基本权利之一,无论年龄、性别、职业、地域的差异,人们均可享有学习的权利。

(5)终身学习需要有一个支持过程和一个支持系统,终身教育便是终身学习的支持系统。同时,终身学习不是一个简单的教育或学习概念,而是一种社会行为,是人们的一种生活方式,它要求社会建立完善的终身学习体系和机制,以解决社会成员"学什么"和"怎么学"的问题。

二、终身学习的特征

终身学习是学习者自主的、创造性的学习,是一种生存性学习。尽管关于终身学习概念的表述多种多样,但由于终身学习具有其内在的本质特征而使得人们可以把握它。对于终身学习的本质特征同样是众说纷纭,但是总括起来,终身学习具有主体性、终身性和社会性三方面的本质特征。

(一)主体性

终身学习强调学习者的自身努力,把学习者摆到了学习的中心位置上,同时,把学习者的学习行为不仅看作是一种社会行为,而且看作是一种生活方式,更加突出学习者的主体地位。在终身学习理念中,社会中的每一个人都应在一生中的任何时间、任何场所自觉地学习和接受所需要的各种知识和技能,以适应社会的发展和实现自我完善。终身学习是一个在社会的支持和引导下,个体在其一生中通过持续不断的学习,以求得意识和行为的改善,从而不断提高其文化素养、社会经验和职业能力的社会活动过程,是学习者的能动性和创造性的充分展现。

(二)终身性

终身学习强调把人的一生作为学习和接受教育的过程,这在广泛意义上打破了人们传统的一次性教育或一次性学习受用终身的陈旧观念,把学习贯穿到个体一生的生活和工作中去。人在一生中,通过不断的学习,形成适应社会发展的技能和自我完善的本领,最终促进社会的发展和人的全面发展。

(三)社会性

终身学习强调把全体社会成员看作一个学习和接受教育的整体,人人都有权利和义务进行学习和接受教育,强调学习系统的对外开放,把一切具有学习和教育功能的机构与学习组织联系起来,全面地促进社会全体成员的文化知识和技能的提高,主张把学习置于现代社会发展的大背景下来研讨和实践,强调学习机会均等。终身学习将使整个社会最终形成一种良好的学习风气,以感染每一个社会成员进行学习,最终形成"学习社会化,社会学习化"的理想模式。终身学习的社会性最终将促进学习社会的形成。

三、终身学习发展历程

(一)终身学习理念的基础

终身教育理念受到世界各国的广泛认同,是终身学习理念形成的基础。1965 年联合国教科文组织在巴黎召开第三届国际成人教育促进会议。联合国教科文组织成人教育计划处处长保罗·朗格朗在这次会议期间正式向大会提交了关于终身教育的提案,并发表了《终身教育导论》一书,这标志着终身教育理念的确立,终身教育理念由此开始在世界范围内得以传播和推广。

1972 年,联合国教科文组织发表了《学会生存——教育世界的今天和明天》,使得终身教育理念进一步发展。1996 年,联合国教科文组织发表的《教育——财富蕴藏其中》标志着终身教育理念开始趋于成熟。

终身教育理念受到世界各国政府和学者的极大关注,经过数年的传播与推广,人们对教育的认识发生了翻天覆地的变化,颠覆了传统上人们对教育的看法。第一,教育不再是学校的代名词。传统上,教育是仅限于学校某一特定阶段的活动,教育就意味着学校。对此,保罗朗格朗批评道,要想使教育在个人一生中的各个时期、各个方面起到应有的作用,教育"首先就需要使它突破学校的框框,使它占据人类活动的全部,既与工作联系起来,也与闲暇时间联系起来"。第二,教育应该伴随人的一生,不再是儿童和青少年的特权。在传统观念中,人的一生被划分为学习阶段与工作活动阶段,并且人们普遍认为在学习阶段所获得的知识和能力可以在此后的工作阶段中一劳永逸地持续享用。同时,多少年来,人们一直只承认儿童和青少年具有学习能力,把学习当成儿童和青少年的专利,却从来没有正确认识成年人的学习能力,认为随着年龄的增长,成年人的学习能力会逐渐衰退,因此,传统观念中学习是儿童和青少年的特权。但是,主张教育应持续不断地进行并贯穿人的一生的终身教育理念彻底改变了人们传统上对教育的认识,打破了把人的一生划分为学习阶段和工作阶段的观念,同时也颠覆了教育是儿童和青少年的特权的传统观念。

终身教育理念之所以可以在世界各个地区和国家都受到追捧,颠覆传统理念,主要是因为在终身教育来看,教育应该以人的发展为宗旨,以人的不断学习为前提,持续不断地进行。因此,受到世界各国广泛认同、深入人心的终身教育理念为终身学习理念的形成奠定了坚实的基础。

(二)终身学习理念的契机

学习社会理念的兴起使得人们关注的焦点从教育转向学习,为终身学习理念提供重要的发展契机。美国芝加哥大学校长罗伯特·哈钦斯出版了《学习社会》一书,提出了学习化社会的概念。美国卡内基高等教育委员会发表了一份题为《迈向学习社会》的报告。

该委员会在此报告中强调,学习者应具有主动性与主体性,并同时提倡通过实施社区教育等方式来建设学习社会。至此,学习社会的理念正式形成。

罗伯特·哈钦斯在其出版的《学习社会》一书中,首先对以往的教育进行了深刻的反思,并认为"国家的繁荣"不是教育的根本目的,使个人的自我能力得到最大限度的发挥从而使个人的人格趋于完善这才是教育的根本目标。在这样一种教育思想的指导下,他主张变革人的价值观和学习观,他认为"仅向成年男女提供定时制的成人教育是不够的,除此之外,还应以学习成长及人格的形成为目的,并以此目的制定制度,更以此制度来促进目的的实现,由此建立一个朝向价值的转换及成功的社会"。也就是说,哈钦斯认为未来要实现的是创建一个具有新的教育体系的社会,而这一体系就是终身教育体系,这个社会就是学习型社会。对于何谓学习社会,哈钦斯在《学习社会》一书中并没有一个明确的定义,但是他提出了许多关于学习社会的观点。他在书中以古希腊的雅典城为例,说明什么是学习化社会。他指出,在古希腊的雅典城,教育被看成是整个社会的目的,因此,教育在当时不是一种阶段性的活动,也不是在一定的时间、一定的场所以及人生的某个阶段才实施的一种活动。当年的雅典人努力创造一个使其成员的所有潜能均能获得最圆满发展的社会。哈钦斯还认为,每个人都必须通过持续的学习来实现"人生的真正价值"。总的来说,在哈钦斯看来,学习社会是所有民众在任何时候都应为了自身的发展而学习,使个人的潜能得以充分发展的社会。

从《学习社会》一书中所提倡的基本思想来看,哈钦斯主张人人通过持续的学习来实现"人生的真正价值"从而形成学习社会。也就是说,学习成为哈钦斯的"学习社会"理论当之无愧的核心。但同时,哈钦斯也主张终身教育的终极目标是形成学习社会。这样就产生了一个理论问题,即学习和教育这两个不同的概念是怎样统一于学习社会理念之中的呢? 就是在这一理论问题的探讨中,人们开始逐渐消除了长期以来人们对现代社会中的学习的误读,终身学习理念借此契机而得以发展形成。

(三)终身学习理念的重要推动者

国际组织的倡导和推动为终身学习理念的最终形成做出了重要贡献。联合国教科文组织国际教育委员会于 1970 年向联合国教科文组织总部提交了一份名为《学会生存》的报告书。报告书指出,"虽然一个人正在不断地接受教育,但他越来越不成为对象,而越来越成为主体了","每一个人必须终身不断地学习",并预言说未来社会"最终将走向学习式社会"。未来社会应是学习的社会,人终身不间断地学习不仅是可能的,而且是必需的。"唯有全面的终身教育才能够培养完善的人。我们再也不能一劳永逸地获取知识了,而需要通过终身学习去建立一个不断演进的知识体系——学会生存。"很明显,报告书把"终身学习"同"学会生存"联系起来,并认为人的生存应是"一个无止境的完善过程和学习过程","人是一个未完成的动物,只有通过经常地学习,才能完善他自己"。"学习社会只能把它理解为是一个教育与社会、政治与经济组织包括家庭单位与公民活动密切交织的过程,这就是说,每一个公民享有在任何情况下都可以自由取得学习、训练和培养自己的手段。因此,从他自己的教育而言,他将基本处于一个完全不同的地位,教育不再是一种义务,而是一种责任。"这份报告至此明确提出了"终身教育"、"终身学习"和"学习社会"三个相互联系又互不相同的基本概念。

此后,在非洲的内罗毕联合国教科文组织于 1976 年 10 月 26 日至 10 月 31 日召开了第十九次全体会议,会议期间通过了《关于发展成人教育的报告》。报告又一次正式而明确地提出了"终身学习"的概念。随后,在联合国教科文组织、经济合作与发展组织以及欧洲联盟等国际组织及机构的协助下,终身学习理念不断受到世界各国的重视,从而得以在短时间内广泛传播。

综上所述,终身学习理念形成的基础是终身教育理念在世界范围得到广泛认同。但是,促进终身教育向终身学习转化的重要契机是学习社会理念的兴起。而《学会生存》报告书的发表,以及联合国教科文组织召开的第十九次全体会议,则为提倡终身学习理念铺平了道路。

第二节　终身学习的内容与途径

一、终身学习的内容

1996 年,由雅克·德洛尔任主席的国际 21 世纪教育委员会向联合国教科文组织提交的报告《教育——财富蕴藏其中》是一部里程碑性的教育文献。报告认为教育必须围绕四种基本的学习能力来重新设计,即学会学习、学会做事、学会共同生活、学会生存。

(一)学会学习

学会学习,即掌握认知世界的工具,就是使受教育者知道如何学习。学习不应只是在学校学习,而应在家庭、在社会的大环境下,通过各种媒介汲取知识。学习也包括良好行为习惯和情感态度的培养,实现学生的自我激励、自我决策。一个人具有比较广泛的普通知识,加上一至两门知识优势,就可能成为社会有需要的人。

(二)学会做事

在信息社会里,学会做事的内涵是学会有效地应对变化不定的情况以及参与创造未来的能力。现代社会发展趋势越来越注重能力,而不是学历和资历,一些有远见卓识的企业家早把能力当作用人的重要标准,唯才是用。

(三)学会共同生活

共同生活是一群人为了实现共同一个目标而长期、持久的共处。共同生活不仅意味着人与人的合作,还有不可避免的竞争、矛盾。要学会共同生活,首先要发现他人,懂得人类的多样性;其次,要为共同目标努力,增强合作意识。

(四)学会生存

这是前三种学习成果的主要表现形式。中国青年出版社出版的《学会生存》一书,前言中写道:"生命存在着是美丽的,世界将因生命的存在而生机勃勃、风光无限。青少年是世界的未来,学会生存尤为重要。"从书本上学习到再多的知识,不把它转化成为生存的技能,不能转化为物质的财富,那么,就会惨淡收场。

二、终身学习的途径

终身学习强调人的一生必须不间断地接受教育和学习,以不断地更新知识,保持应变能力,其理念正好符合时代社会以及个人的内在实际需求。概括起来,可以通过三种主要途径进行终身学习,即通过家庭教育学习、通过学校教育学习、通过社会教育学习。

(一)通过家庭教育学习

家庭教育是由家长对其子女的教育,是终身学习的一个重要途径。按照现代观念,家庭教育包括,生活中家庭成员(包括父母和子女等)之间相互的影响和教育,以及聘请专门从事家庭教育的教师对子女的教育。家庭教育因其启蒙性、渗透性、自发性、个别性、权威性等特点存在,对人的成长有奠基作用。家庭教育为人的个性社会发展起到基础作用,是促进社会安定的重要因素,同时也与学校教育关系密切。由于家庭教育的重要作用,家庭要形成一个重要的学习氛围,保持一种健康向上的精神。

(二)通过学校教育学习

学校教育是由专职人员和专门机构承担的有目的、有系统、有组织、以影响受教育者的身心发展为直接目标的社会活动。它在实施终身教育和终身学习的过程中起到主渠道的作用。学校教育具有方向的一致性,具有严密的计划,具有专门性、高效性和针对性。在终身学习观念下,学校教育也开始重建,表现为四个方面:一是学校教育目的的调整,在终身学习观念下,学校教育目的仅仅不重在知识的传递,还重在终身学习者的培养;二是学校角色的调整;三是学校课程结构与内容的调整;四是学校教材与学习方法的扩充。

(三)通过社会教育学习

社会教育是指学校和家庭以外的一切社会活动和社会文化教育机构对社会成员所进行的教育活动。社会教育直接面向全社会,以社会政治经济为背景,更能有效地对整个社会发挥积极作用。同时它具有较强的补偿功能,形式灵活多样。多样性主要表现为:(1)教育机构的多样性,如青少年俱乐部、博物馆、图书馆、就业培训中心、文化宫、科技馆、艺术中心等。(2)教育方式的多样性。(3)成绩考核的多样式,没有制度化教育的严格约束性。现代人的成长已不完全局限于学校,必须同社会实践相结合,通过社会教育更有利于人的社会化。

三、终身学习的意义

终身学习理念颠覆了传统理念,其意义深远,主要体现在以下两个方面:

第一,终身学习理念完善了学习概念,体现了对个人价值的尊重。终身学习是对学习的全新认识、全新理解。它改变了人们把学习和学校学习等同起来的传统学习理念,对传统学习理念做了新的理解。终身学习既不是传统的学校教育的简单延伸、重复,也不排斥学校教育的存在与价值,而是以学校教育为基础的、内容更丰富、形式更加多样的一种学习。它帮助学习者学会生存、学会认识、学会做事,学会生活,使学习者的人格得以充分、和谐发展的过程。这一过程使得每个人的潜能得到充分释放,它激励并使人们有权力去获得他们终身所需要的全部知识、价值、技能与理解,并在任何条件、情况和环境中都有信心、有创造性和愉快地应用它们,使人主动和积极地适应社会,充分体现了对个人价值的尊重。

第二,终身学习理念把个人发展与社会发展有机地结合起来,有利于促进学习社会化,促进人的全面发展。终身学习帮助学习者学会生存,使人的潜能得到充分释放,并且积极主动地适应社会。同时,终身学习又不排除人的学习是为了社会,成为符合社会需要、促进社会进步、身心和谐发展的个体,它要求人们面对社会压力时要保持自身的独立性和主体性,通过人与人的交流与合作,防止自我的迷失。

将个人发展与社会发展有机结合起来的终身学习理念,深刻影响着人类社会的内在结构与发展趋向。可以设想,在终身学习理念的指导下,社会的学习资源向所有人开放,处处是学习之所,每个人都积极主动地学习,人人是学习之人,这就是人类社会发展的一种理想境界——学习社会的形成。这种社会将使人类素质和人类文明得到极大丰富和提高,为人的全面发展奠定坚实的基础。

第三节　终身学习与职业生涯发展

案例导入

王某,30岁,工作6年,曾经是一个优秀的程序员,但是令他苦恼的是,程序员这个职业的上升空间已经不大,而且程序员语言更新换代很快,需要不断学习新的东西。由于家庭原因,学习时间较少,他更是感觉自己有些落伍,目前正在转型,打算转到其他职业。这样的案例不在少数,职业产生新的变化就是知识经济时代的共同特征,在终身学习理解中,职业发展需要做什么回应呢?

学习目标

了解生涯发展及各阶段的内涵,终身学习视野下的职业发展

重点难点

终身学习对职业发展的作用

一、终身学习：职业生涯发展的必然选择

（一）职业生涯发展的内涵

职业生涯就是一个动态的过程，是指一个人一生在职业岗位上所度过的、与工作活动相关的连续经历，并不包含在职业上成功与失败或进步快与慢的含义。职业生涯发展应该是一个积极的过程，具体来说，就是在职业生涯中，以心理开发、生理开发、智力开发、技能开发、伦理开发等人的潜能开发为基础，以工作内容的确定和变化，工作业绩的评价，工资待遇、职称、职务的变动为标准，以满足需求为目标的工作历程和内心体验的经历。

（二）职业生涯发展的各个阶段

1.自我评价

正确认识自己，是职业生涯发展的前提。对自己正确的评价，是形成职业方向、树立职业理想、成就自我的条件。尤其是确立自己的兴趣、价值观、资质以及行为取向，估摸自己当前所处的环境以及可以获取的资源，自己当前的技能或兴趣与期望的工作之间存在的差距，来确定改善机会和改善需求。

2.环境分析

在形成正确的自我意识之后，需要对自己所处的环境进行分析，形成进一步的意向，即自身和所处单位潜在的晋升机会，对自身和单位的发展前景做出评价。虽然单位的成就和个人职业生涯的发展程度没有绝对相关性，但是一般认为，单位发展前景很好的，更容易形成对自己职业的热爱，有效地促进自己形成职业目标，达成自己的职业理想。一般来说，要通过对自身和单位两个方面的发展来对自己的职业前景进行环境分析，因为个人的判断很难十分准确，而单位的战略和前景不一定能与自己的职业价值取向很好地结合。

3.目标设立

目标设立就是根据对各种条件的分析，确立自己的职业生涯发展方向，形成自己的职业发展目标。一般来讲，职业生涯发展的目标可以分为长期目标和短期目标，长期目标给

自己形成一个指向性的方向,短期目标是具体的可以通过短期努力实现的目标。

4.行动规划

行动规划是将目标落实到具体的行为中去的活动,需要依照可行的标准,比如形成具体的可以细化的目标,在实现自己目标的同时,增强自己的工作经验,进一步强化自己的工作技能,扩展自己在别的领域处理事情的能力,随着自身工作经验的积累、工作技能的强化和拓展,得到进一步实现自己工作目标的基础。

职业生涯还能分为内职业生涯和外职业生涯。内职业生涯是指从事一种职业时的知识、观念、经验、能力、心理素质、内心感受等因素的组合以及变化的过程。外职业生涯是指从事职业时的工作单位、工作时间、工作地点、工作内容、工作职务与职称、工作环境、工资待遇等因素的组合以及变化过程。内职业生涯发展是外职业生涯发展的前提,内职业生涯带动外职业生涯的发展。

■ 二、职业生涯发展：终身学习释义的全新视角

过去,相对人的生命周期而言,变革总是缓慢的,所以人们能够适应在他们的一生中保持相对不变的环境。相比之下,现在的变革是如此迅速,一生中就有可能经历多次变动。从职业生涯的观点看,人的发展问题不再是一个被动的、短暂的、消极接受的过程,而是一个主动的、终身的、积极发展的过程。这一变化过程主要体现在以下三个层面上:(1)生涯发展的长度,即生涯的发展是一生中连续不断的过程,而不是个人在某一阶段所特有的。(2)生涯发展的广度,即一个人一生将会扮演各种不同的角色,从事各种不同的职业。(3)生涯发展的深度,即个体扮演每一个角色所投入的程度也将随发展阶段的不同而做出相应的调整。应对上述的变化,终身学习不断丰富、扩展其自身的内涵与特征,并相应产生了两个重要的变化趋势:

第一,转变人们所持的传统教育观念,即教育只属于儿童、青少年的观念。具体表现为:教育在一个人获得了一种特定的职业能力之后就会结束,虽然在必要的情况下这种能力会得到偶尔的更新,但是人们仍然会凭借这种能力来持续进行 $40\sim50$ 年的职业生涯活动。以上观念与学校和教育系统所持的观念完全匹配,因为他们所传授的就是这种职业能力。

第二，转变人们对"学习能力"内涵的理解。以前，在学校教育计划中规定的学习目标通常涉及以下几个种类：知识、技能、态度，或一些更具概括性的能力。这些内容无疑是十分基础和必要的，但同时，随着社会职业环境的不断变化以及个体职业生涯的向前推进，它们也需得以更新、发展、重组和再造，从而不断适应新情况的发生。

三、终身学习视角下我们需要的关键能力

（一）在全球范围内直接获取最新知识的能力

信息是最大的财富，是个人谋取最高发展和企业前进的直接影响因素。获取信息能力在当今社会得到了极大的提升，主要依托于以下几点：第一，出版业的高速发展，使得书面材料的获得比任何时候都容易；第二，音频和视频的飞速发展，使得全球范围内个人与个人、群体与群体的交流能力大大增强；第三，快捷且日益廉价、日益便利的交通方式，使得面对面的互动前所未有的畅通。

（二）获取任何领域内最优秀个人范例的能力

榜样的力量是无穷的，在终身需要学习的现代职业生涯中，优秀典范也是促进高水平的知识和技能获取的因素。我们可以通过最优秀工作者的成绩来衡量自己的价值，发现自己的不足，形成自己的目标。

（三）在任何地方与其他有共同兴趣之人进行互动的能力

各种研究，甚至是兴趣爱好，都需要交流互动，思想从来都不是在真空中发展出来的，每个人都需要另一个人作为衬托来检验自己的思想。

（四）把新思想、新发明和新艺术创造广而告之的能力

在旧时代分享自己的新鲜事物和想法需要一个异常漫长的过程，而今通过互联网的交流传递，能够缩短新事物、新想法的传播时间并拓宽其扩散范围。

（五）接受对于任何文化贡献所做的及时反馈的能力

现代信息社会，不仅需要将自己的信息发送出去，也要能及时将自己的信息收回来。任何文化和流派都可以通过各种网络途径快速便捷地得到反馈。

（六）为需要经济资助的企业做出定位和获取资金来源的能力

现代企业数量巨大而资金力量比较薄弱,这需要很强的资金运作能力。除了通过银行手续烦琐的贷款来获得资金来源,政府各种自主散播在民间的资金和各种风险投资,为企业,尤其是具有知识信息优势的小企业,获得迅速成长所需的资金提供了帮助。

（七）一生中从一种生活转向另外一种生活的能力

我们将现代生活描述为快速时代,很少有东西是固定不变的。在急剧变化的环境里,我们所遇到的任何事情,尤其是职业的变化,会让我们深刻地体会到这种变化的剧烈程度。人需要具备从现在或者以前狭隘的圈子里逃脱出来,进入或者准备进入一个对你来说可能是陌生的生活环境的能力。

四、终身学习对职业发展的作用

（一）有助于树立面向未来的职业价值观

终身学习理念下,一个人终身坚守在一个固定的岗位的时代已经过去了,随着社会的剧烈变革以及产业结构的不断调整,职业环境出现了极大的不稳定性,这就要求在社会环境和职业出现剧烈变化的情况下,通过终身学习,不断增强自身的技能与自信;同时,终身学习理念还认为,在职业生涯发展的过程中,人们可以有意识地评价自己的职业选择、审视自己的职业兴趣,进而谋求职业行为与自我提高、自我发展。

（二）有助于培养面向未来的职业技能

身处 21 世纪这样一个知识爆炸、技术进化的时代,不断更新知识、接受再教育是职业人生不可分割的一部分,任何人都将无法回避。摩尔定律表明,计算机软件等知识的更新周期只有 18 个月,而相关研究表明一个大学毕业生的"创造年龄"不超过 4 年。科学知识和技术的层出不穷,不断给教育提出新要求,这就迫切要求成人转变过去学习和工作的分割状态,代之以"在学习中工作、在工作中学习"。

（三）有助于促进职业生涯的可持续发展

在一个人的职业生涯中,仅靠短暂的学校教育是不够的,个人的职业生涯能力也是个连续不断的过程,因此,就需要家庭教育、社会教育、学校教育的有机结合,通过正规和非正规学习的融合,把学习、劳动与创新结合在一起,求职者通过继续教育、回归教育之路,不断更新自身的知识结构,这样才能保证和促进职工的持续发展。而终身学习主张学习的连续性和一贯性,每个人的职业生涯也不是一次性完成的,而是一个连续不断的发展过程,只有通过不间断的学习,做好充分准备,才能从容面对职业生涯中所遇到的各种挑战。

(四)有助于促进职业生涯的个性化发展

传统学习模式较少考虑学习者个性及其职业生涯目标的多样化,只是依据统一的标准,按照统一的要求,在统一的进度内学习统一的内容,由此导致学习者如同一个个"标准件",因此在社会对学习者提出多元化要求的情况下,这种学习模式便无法适应社会的发展。而终身学习思想破除统一性的学习,在充分尊重每个学习者的学习需求和学习风格的基础上,鼓励学习者自主选择最适合自己的学习资源和学习形式,以便通过自主自发的学习使自己得到最大程度的发展。

(五)有助于促进职业生涯的全面发展

传统的职业培训往往受到观念和物质的制约,仅仅偏重企业的知识与技能的要求,而忽略了学习者在文化素质、职业道德、心理素质等方面的全面发展。人的全面发展是每个人都应有的权利,终身学习思想突破了传统思想的束缚,强调个人的教育机会均等,每个人都有权利获得适合自己的学习机会与学习资源,并采用灵活多样的组织形式,利用一切学习资源,进而使所有的学习者都能平等获得全面发展的学习机会,并以适合自己的方式参与学习过程。

(六)有助于促进职业生涯的以人为本的发展

以往职业能力的建设基本都是以社会或企业的需要为导向,但是这些需求往往是属于技术层面的,而很少从人的自身需求出发,结合每个人的不同风格来进行,由此导致学习者产生了机械主义的学习取向。终身学习观认为教育的主要功能是促进人自身完善和发展,并使每个人的潜力都能发挥和表现出来,因此,学习应当以人为本,顺应每个人的发展个性,并采取有利于学习的各种组织形式、灵活多样的教学内容和方法、富有弹性的学习制度,最大限度地发挥学生学习的主动性和创造性,使全部资源得以充分利用,并最终促进每个人都最大限度地个性化发展。